AF542553

PSICOLOGÍA DE LAS MASAS Y ANÁLISIS DEL YO

SIGMUND FREUD

ÍNDICE

Traducción directa del alemán.
Por Luis López Ballesteros

INTRODUCCIÓN

La oposición entre psicología individual y psicología social o colectiva, que a primera vista puede parecernos muy profunda, pierde gran parte de su significación en cuanto la sometemos a más detenido examen. La psicología individual se concreta, ciertamente, al hombre aislado e investiga los caminos por los que el mismo intenta alcanzar la satisfacción de sus instintos, pero sólo muy pocas veces y bajo determinadas condiciones excepcionales le es dado prescindir de las relaciones del individuo con sus semejantes. En la vida anímica individual aparece integrado siempre, efectivamente, «el otro», como modelo, objeto, auxiliar o adversario, y de este modo, la psicología individual es al mismo tiempo y desde un principio psicología social, en un sentido amplio, pero plenamente justificado. Las relaciones del individuo con sus padres y hermanos, con la persona objeto de su amor y con su médico, esto es, todas aquellas que hasta ahora han sido objeto de la investigación psicoanalítica, pueden aspirar a ser consideradas como fenómenos sociales, situándose entonces en oposición a ciertos otros procesos, denominados por nosotros narcisistas, en los que la satisfacción de los instintos elude la influencia de otras personas o prescinde de éstas en absoluto. De este modo, la oposición entre actos anímicos sociales y narcisistas -Bleuler diría quizás autísticos- cae dentro de los dominios de la psicología individual y no justifica una diferenciación entre ésta y la psicología social o colectiva.

En estas relaciones con sus padres y hermanos, con el ser amado, el amigo y el médico, se nos muestra el individuo bajo la influencia de una única persona, o, todo lo más, de un escaso número de personas, cada una de las cuales ha adquirido para él una extraordinaria importancia. Ahora bien: al hablar de la psicología social o colectiva se acostumbra prescindir de estas relaciones, tomando solamente como objeto de la investigación la influencia simultánea ejercida sobre el individuo por un gran número de personas a las que le unen ciertos lazos, pero que fuera de esto pueden serle ajenas desde otros muchos puntos de vista. Así pues, la psicología colectiva considera al individuo como miembro de una tribu, de un pueblo, de una casta, de una clase social o de una institución, o como elemento de una multitud humana, que en un momento dado y con un determinado fin se organiza en una masa o colectividad. Roto así un lazo natural, resultó ya fácil considerar los fenómenos surgidos en las circunstancias particulares antes señaladas como manifestaciones de un instinto especial irreducible del instinto social -herd instinct, group mind-, que no surge al exterior en otras situaciones. Sin embargo, hemos de objetar que nos resulta difícil atribuir al factor numérico importancia suficiente para provocar por sí solo en el alma humana el despertar de un nuevo instinto, inactivo en toda otra ocasión. Nuestra atención queda, de este modo, orientada hacia dos distintas posibilidades, a saber: que el instinto social no es un instinto primario e irreducible, y que los comienzos de su formación pueden ser hallados en círculos más limitados; por ejemplo, el de la familia.

La psicología colectiva, no obstante encontrarse aún en sus primeras fases, abarca un número incalculable de problemas que ni siquiera aparecen todavía suficientemente diferenciados. Sólo la clasificación de las diversas formas de agrupaciones colectivas y la descripción de los fenómenos psíquicos por ellas exteriorizados exigen una gran labor de observación y exposición y han dado origen ya a una extensa literatura. La comparación de las modestas proporciones del presente trabajo con la amplitud de los dominios de la psicología colectiva hará ya suponer al lector, sin más advertencia por parte mía, que sólo se estudian en él algunos puntos de tan vasta materia. Y en realidad, es que sólo un escaso número de las cuestiones que la misma entraña interesan especialmente a la investigación psicoanalítica de las profundidades del alma humana.

EL ALMA COLECTIVA, SEGÚN LE BON

Podríamos comenzar por una definición del alma colectiva, pero nos parece más racional presentar, en primer lugar, al lector una exposición general de los fenómenos correspondientes y escoger entre éstos algunos de los más singulares y característicos que puedan servirnos de punto de partida para nuestra investigación. Conseguiremos ambos fines tomando como guía una obra que goza de justa celebridad: Psicología de las multitudes, de Gustavo Le Bon. Ante todo, convendría que nos hagamos presente, con máxima claridad, la cuestión planteada. La Psicología -que persigue los instintos, disposiciones, móviles e intenciones del individuo hasta sus actos y en sus relaciones con sus semejantes- llega al final de su labor, y habiendo hecho la luz sobre todos los objetos de la misma, vería alzarse ante ella, de repente, un nuevo problema. Habría, en efecto, de explicar el hecho sorprendente de que en determinadas circunstancias, nacidas de su incorporación a una multitud humana que ha adquirido el carácter de «masa psicológica», aquel mismo individuo al que ha logrado hacer inteligible piense, sienta y obre de un modo absolutamente inesperado. Ahora bien: ¿qué es una masa? ¿Por qué medios adquiere la facultad de ejercer tan decisiva influencia sobre la vida anímica individual? ¿Y en qué consiste la modificación psíquica que impone al individuo? La contestación de estas interrogaciones, labor que resultará más fácil comenzando por la tercera y última, incumbe a la psicología colectiva, cuyo objeto es, en efecto, la observación de las modificaciones impresas a las reacciones individuales. Ahora bien: toda tentativa de explicación debe ir precedida de la descripción del objeto que se trata de explicar.

Dejaremos, pues, la palabra a Gustavo Le Bon: «El más singular de los fenómenos presentados por una masa psicológica es el siguiente: cualesquiera que sean los individuos que la componen y por diversos o semejantes que puedan ser su género de vida, sus ocupaciones, su carácter o su inteligencia, el solo hecho de hallarse transformados en una multitud les dota de una especie de alma colectiva. Este alma les hace sentir, pensar y obrar de una manera por completo distinta de como sentiría, pensaría y obraría cada uno de ellos aisladamente. Ciertas ideas y ciertos sentimientos no surgen ni se transforman en actos, sino a los individuos constituidos en multitud. La masa psicológica es un ser provisional compuesto de elementos heterogéneos, soldados por un instante, exactamente como las células de un cuerpo vivo forman por su reunión un nuevo ser que muestra caracteres muy diferentes de los que cada una de tales células posee». Permitiéndonos interrumpir la exposición de Le Bon con nuestras glosas, intercalaremos aquí la observación siguiente: si los individuos que forman parte de una multitud se hallan fundidos en una unidad, tiene que existir algo que los enlace unos a otros, y este algo podría bien ser aquello que caracteriza a la masa. Pero Le Bon deja en pie esta cuestión, y pasando a las modificaciones que el individuo experimenta en la masa, las describe en términos muy conformes con los principios fundamentales de nuestra psicología de las multitudes.

«Fácilmente se comprueba en qué alta medida difiere el individuo integrado a una multitud del individuo aislado. Lo que ya resulta más arduo es descubrir las causas de tal diferencia.

Para llegar, por lo menos, a entreverlas es preciso recordar, ante todo, la observación realizada por la psicología moderna de que no sólo en la vida orgánica, sino también en el funcionamiento de la inteligencia, desempeñan los fenómenos inconscientes un papel preponderante. La vida consciente del espíritu se nos muestra muy limitada al lado de la inconsciente. El analítico más sutil, el más penetrante observador, no llega nunca a descubrir sino una mínima parte de los móviles inconscientes que les guían. Nuestros actos conscientes se derivan de un substrato inconsciente formado, en su mayor parte, por influencias hereditarias. Este substrato entraña los innumerables residuos ancestrales que constituyen el alma de la raza. Detrás de las causas confesadas de nuestros actos existen causas secretas ignoradas por todos. La mayor parte de nuestros actos cotidianos son efecto de móviles ocultos que escapan a nuestro conocimiento». Le Bon piensa que en una multitud se borran las adquisiciones individuales desapareciendo así la personalidad de cada uno de los que la integran. Lo inconsciente social surge en primer término y lo heterogéneo se funde en lo homogéneo. Diremos, pues, que la superestructura psíquica, tan diversamente desarrollada en cada individuo, queda destruida, apareciendo desnuda la uniforme base inconsciente común a todos.

De este modo se formaría un carácter medio de los individuos constituidos en multitud. Pero Le Bon encuentra nuevas cualidades, de las cuales carecían antes, y halla la explicación de este fenómeno en tres factores diferentes. «La aparición de los caracteres peculiares a las multitudes se nos muestra determinada por diversas causas. La primera de ellas es que el individuo integrado en una multitud adquiere, por el solo hecho del número, un sentimiento de potencia invencible, merced al cual puede permitirse ceder a instintos que antes, como individuo aislado, hubiera refrenado forzosamente. Y se abandonará tanto más gustoso a tales instintos cuanto que por ser la multitud anónima, y, en consecuencia, irresponsable, desaparecerá para él el sentimiento de la responsabilidad, poderoso y constante freno de los impulsos individuales». Nuestro punto de vista nos dispensa de conceder un gran valor a la aparición de nuevos caracteres. Bástanos decir que el individuo que entra a formar parte de una multitud se sitúa en condiciones que le permiten suprimir las represiones de sus tendencias inconscientes. Los caracteres aparentemente nuevos que entonces manifiesta son precisamente exteriorizaciones de lo inconsciente individual, sistema en el que se halla contenido en germen todo lo malo existente en el alma humana. La desaparición en estas circunstancias de la conciencia o del sentimiento de la responsabilidad es un hecho cuya comprensión no nos ofrece dificultad alguna, pues hace ya mucho tiempo hicimos observar que el nódulo de lo que denominamos conciencia moral era la «angustia social».

«Una segunda causa, el contagio mental, interviene igualmente para determinar en las multitudes la manifestación de carácter especial y al mismo tiempo su orientación. El contagio es un fenómeno fácilmente comprobable, pero inexplicable aún y que ha de ser enlazado a los fenómenos de orden hipnótico, cuyo estudio emprenderemos en páginas posteriores. Dentro de una multitud, todo sentimiento y todo acto son contagiosos, hasta el punto de que el individuo sacrifica muy fácilmente su interés personal al interés colectivo, aptitud contraria a su naturaleza, y de la que el hombre sólo se hace susceptible cuando forma parte de una multitud». «Una tercera causa, la más importante, determina en los individuos integrados en una masa caracteres especiales, a veces muy opuestos a los del individuo. Me refiero a la sugestibilidad, de la que el contagio antes indicado no es, además, sino un efecto. Para comprender este fenómeno es necesario tener en cuenta ciertos recientes descubrimientos de la Fisiología. Sabemos hoy que un individuo puede ser transferido a un estado en el que, habiendo perdido su personalidad consciente, obedezca a todas las sugestiones del operador que se la ha hecho perder y cometa los actos más contrarios a su carácter y costumbres. Ahora bien: detenidas observaciones parecen demostrar que el individuo sumido algún tiempo en el seno de una multitud activa cae pronto, a consecuencia de los efluvios que de la misma emanan o por cualquier otra causa, aún ignorada, en un estado particular, muy semejante al estado de fascinación del hipnotizado, entre las manos de su hipnotizador. Paralizada la vida cerebral del sujeto hipnotizado, se convierte éste en esclavo de todas sus actividades inconscientes, que el hipnotizador dirige a su antojo. La personalidad consciente desaparece; la voluntad y el discernimiento quedan abolidos.

Sentimientos y pensamientos son entonces orientados en el sentido determinado por el hipnotizador. Tal es aproximadamente el estado del individuo integrado en una multitud. No tiene ya conciencia de sus actos. En él, como en el hipnotizado, quedan abolidas ciertas facultades y pueden ser llevadas otras a un grado extremo de exaltación. La influencia de una sugestión le lanzará con ímpetu irresistible a la ejecución de ciertos actos. Impetu más irresistible aún en las multitudes que en el sujeto hipnotizado, pues siendo la sugestión la misma para todos los individuos se intensificará al hacerse recíproca». «... Así pues, la desaparición de la personalidad consciente, el predominio de la personalidad inconsciente, la orientación de los sentimientos y de las ideas en igual sentido, por sugestión y contagio, y la tendencia a transformar inmediatamente en actos las ideas sugeridas, son los principales caracteres del individuo integrado en una multitud. Perdidos todos sus rasgos personales, pasa a convertirse en un autómata sin voluntad».

Hemos citados íntegros estos pasajes para demostrar que Le Bon no se limita a comparar el estado del individuo integrado en una multitud con el estado hipnótico, sino que establece una verdadera identidad entre ambos. No nos proponemos contradecir aquí tal teoría, pero sí queremos señalar que las dos últimas causas mencionadas de la transformación del individuo en la masa, el contagio y la mayor sugestibilidad, no pueden ser consideradas como de igual naturaleza, puesto que, a juicio de nuestro autor, el contagio no es, a su vez, sino una manifestación de la sugestibilidad. Así pues, ha de parecernos que Le Bon no establece una diferenciación suficientemente precisa entre los efectos de tales dos causas.

Como mejor interpretaremos su pensamiento será, quizás, atribuyendo el contagio a la acción recíproca ejercida por los miembros de una multitud unos sobre otros y derivando los fenómenos de sugestión identificados por Le Bon con los de la influencia hipnótica de una distinta fuente. Pero ¿de cuál'? Hemos de reconocer como una evidente laguna el hecho de que uno de los principales términos de esta identificación, a saber, la persona que para la multitud sustituye al hipnotizador, no aparezca mencionada en la exposición de Le Bon.

De todos modos, el autor distingue de esta influencia fascinadora, que deja en la sombra, la acción contagiosa que los individuos ejercen unos sobre otros y que viene a reforzar la sugestión primitiva. Citaremos todavía otro punto de vista muy importante para el juicio del individuo integrado en una multitud: «Por el solo hecho de formar parte de una multitud desciende, pues, el hombre varios escalones en la escala de la civilización. Aislado, era quizá un individuo culto; en multitud, un bárbaro. Tiene la espontaneidad, la violencia, la ferocidad y también los entusiasmos y los heroísmos de los seres primitivos». El autor insiste luego particularmente en la disminución de la actividad intelectual que el individuo experimenta por el hecho de su disolución en la masa. Dejemos ahora al individuo y pasemos a la descripción del alma colectiva llevada a cabo por Le Bon. No hay en esta descripción un solo punto cuyo origen y clasificación puedan ofrecer dificultades al psicoanalítico. Le Bon nos indica, además, por sí mismo el camino, haciendo resaltar las coincidencias del alma de la multitud con la vida anímica de los primitivos y de los niños.

La multitud es impulsiva, versátil e irritable y se deja guiar casi exclusivamente por lo inconsciente. Los impulsos a los que obedece pueden ser, según las circunstancias, nobles o crueles, heroicos o cobardes, pero son siempre tan imperiosos, que la personalidad e incluso el instinto de conservación desaparecen ante ellos. Nada en ella es premeditado.

Aun cuando desea apasionadamente algo, nunca lo desea mucho tiempo, pues es incapaz de una voluntad perseverante. No tolera aplazamiento alguno entre el deseo y la realización. Abriga un sentimiento de omnipotencia. La noción de lo imposible no existe para el individuo que forma parte de una multitud. La multitud es extraordinariamente influenciable y crédula. Carece de sentido crítico y lo inverosímil no existe para ella. Piensa en imágenes que se enlazan unas a otras asociativamente, como en aquellos estados en los que el individuo da libre curso a su imaginación sin que ninguna instancia racional intervenga para juzgar hasta qué punto se adaptan a la realidad sus fantasías. Los sentimientos de la multitud son siempre simples y exaltados. De este modo, no conoce dudas ni incertidumbres .

Las multitudes llegan rápidamente a lo extremo. La sospecha enunciada se transforma ipso facto en indiscutible evidencia. Un principio de antipatía pasa a constituir en segundos un odio feroz. Naturalmente inclinada a todos los excesos, la multitud no reacciona sino a estímulos muy intensos. Para influir sobre ella es inútil argumentar lógicamente. En cambio, será preciso presentar imágenes de vivos colores y repetir una y otra vez las mismas cosas.

«No abrigando la menor duda sobre lo que cree la verdad o el error y poseyendo, además, clara conciencia de su poderío, la multitud es tan autoritaria como intolerable... Respeta la fuerza y no ve en la bondad sino una especie de debilidad, que le impresiona muy poco. Lo que la multitud exige de sus héroes es la fuerza e incluso la violencia. Quiere ser dominada, subyugada y temer a su amo... Las multitudes abrigan, en el fondo, irreducibles instintos conservadores, y como todos los primitivos, un respeto fetichista a las tradiciones y un horror inconsciente a las novedades susceptibles de modificar sus condiciones de existencia». Si queremos formarnos una idea exacta de la moralidad de las multitudes habremos de tener en cuenta que en la reunión de los individuos integrados en una masa desaparecen todas las inhibiciones individuales, mientras que todos los instintos crueles, brutales y destructores, residuos de épocas primitivas, latentes en el individuo, despiertan y buscan su libre satisfacción. Pero, bajo la influencia de la sugestión, las masas son también capaces del desinterés y el sacrificio por un ideal. El interés personal, que constituye casi el único móvil de acción del individuo aislado, no se muestra en las masas como elemento dominante, sino en muy contadas ocasiones. Puede incluso hablarse de una moralización del individuo por la masa. Mientras que el nivel intelectual de la multitud aparece siempre muy inferior al del individuo, su conducta moral puede tanto sobrepasar el nivel ético individual como descender muy por debajo de él.

Algunos rasgos de la característica de las masas, tal y como la expone Le Bon, muestran hasta qué punto está justificada la identificación del alma de la multitud con el alma de los primitivos. En las masas, las ideas más opuestas pueden coexistir sin estorbarse unas a otras y sin que surja de su contradicción lógica conflicto alguno. Ahora bien: el psicoanálisis ha demostrado que este mismo fenómeno se da también en la vida anímica individual, así en el niño como en el neurótico. Además, la multitud se muestra muy accesible al poder verdaderamente mágico de las palabras, las cuales son susceptibles tanto de provocar en el alma colectiva las más violentas tempestades como de apaciguarlas y devolverlas la calma. «La razón y los argumentos no pueden nada contra ciertas palabras y fórmulas.

Pronunciadas éstas con recogimiento ante las multitudes, hacen pintarse el respeto en todos los rostros e inclinarse todas las frentes. Muchos las consideran como fuerzas de la Naturaleza o como potencias sobrenaturales». A este propósito basta con recordar el tabú de los nombres entre los primitivos y las fuerzas mágicas que para ellos se enlazan a los hombres y las palabras. Por último, las multitudes no han conocido jamás la sed de la verdad. Piden ilusiones, a las cuales no pueden renunciar. Dan siempre la preferencia a lo irreal sobre lo real, y lo irreal actúa sobre ellas con la misma fuerza que lo real. Tienen una visible tendencia a no hacer distinción entre ambos.

Este predominio de la vida imaginativa y de la ilusión sustentada por el deseo insatisfecho ha sido ya señalado por nosotros como fenómeno característico de la psicología de las neurosis. Hallamos, en efecto, que para el neurótico no presenta valor alguno la general realidad objetiva y sí únicamente la realidad psíquica. Un síntoma histérico se funda en una fantasía y no en la reproducción de algo verdaderamente vivido. Un sentimiento obsesivo de culpabilidad reposa en el hecho real de un mal propósito jamás llevado a cabo. Como sucede en el sueño y en la hipnosis, la prueba por la realidad sucumbe, en la actividad anímica de la masa, a la energía de los deseos cargados de afectividad. Lo que Le Bon dice sobre los directores de multitudes es menos satisfactorio y no deja transparentar tan claramente lo normativo. Opina nuestro autor que en cuanto cierto número de seres vivos se reúne, trátese de un rebaño o de una multitud humana, los elementos individuales se colocan instintivamente bajo la autoridad de un jefe. La multitud es un dócil rebaño incapaz de vivir sin amo. Tiene tal sed de obedecer que se somete instintivamente a aquel que se erige en su jefe.

Pero si la multitud necesita un jefe, es preciso que el mismo posea determinadas aptitudes personales Deberá hallarse también fascinado por una intensa fe (en una idea) para poder hacer surgir la fe en la multitud. Asimismo deberá poseer una voluntad potente e imperiosa, susceptible de animar a la multitud, carente por si misma de voluntad. Le Bon habla después de las diversas clases de directores de multitudes y de los medios con los que actúan sobre ellas. En último análisis, ve la causa de su influencia en las ideas por las que ellos mismos se hallan fascinados. Pero, además, tanto a estas ideas como a los directores de multitudes les atribuye Le Bon un poder misterioso e irresistible, al que da el nombre de «prestigio»: «El prestigio es una especie de fascinación que un individuo, una obra o una idea ejercen sobre nuestro espíritu. Esta fascinación paraliza todas nuestras facultades críticas y llena nuestra alma de asombro y de respeto. Los sentimientos entonces provocados son explicables, como todos los sentimientos, pero probablemente del mismo orden que la sugestión experimentada por un sujeto magnetizador». Le Bon distingue un prestigio adquirido o artificial y un prestigio personal. El primero queda conferido a las personas, por su nombre, sus riquezas o su honorabilidad, y a las doctrinas y a las obras de arte, por la tradición. Dado que posee siempre su origen en el pasado, no nos facilita en modo alguno la comprensión de esta misteriosa influencia. El prestigio personal es adorno de que muy pocos gozan, pero estos pocos se imponen, por el mismo hecho de poseerlo, como jefes y se hacen obedecer cual si poseyeran un mágico talismán. De todos modos, y cualquiera que sea su naturaleza, el prestigio depende siempre del éxito y desaparece ante el fracaso. No puede por menos de observarse que las consideraciones de Le Bon sobre los directores de multitudes y la naturaleza del prestigio no se hallan a la altura de su brillante descripción del alma colectiva.

OTRAS CONCEPCIONES DE LA VIDA ANÍMICA COLECTIVA

Hemos utilizado como punto de partida la exposición de Gustavo Le Bon, por coincidir considerablemente con nuestra psicología en la acentuación de la vida anímica inconsciente. Mas ahora hemos de añadir que, en realidad, ninguna de las afirmaciones de este autor nos ofrece algo nuevo. Su despectiva apreciación de las manifestaciones del alma colectiva ha sido expresada ya en términos igualmente precisos y hostiles por otros autores y repetida, desde las épocas más remotas de la literatura, por un sinnúmero de pensadores, poetas y hombres de Estado. Los dos principios que contienen los puntos de vista más importantes de Le Bon, el de la inhibición colectiva de la función intelectual y el de la intensificación de la afectividad en la multitud, fueron formulados poco tiempo antes por Sighele. Así pues, lo único privativo de Le Bon es su concepción de lo inconsciente y la comparación con la vida psíquica de los primitivos, aunque tampoco en estos puntos haya carecido de precursores. Pero aún hay más: la descripción y la apreciación que Le Bon y otros hacen del alma colectiva no han permanecido libres de objeciones. Sin duda, todos los fenómenos antes descritos del alma colectiva han sido exactamente observados; pero también es posible oponerles otras manifestaciones de las formaciones colectivas, contrarias por completo a ellos y susceptibles de sugerir una más alta valoración de alma de las multitudes.

El mismo Le Bon se nos muestra ya dispuesto a conceder que, en determinadas circunstancias, la moralidad de las multitudes puede resultar más elevada que la de los individuos que la componen, y que sólo las colectividades son capaces de un gran desinterés y un alto espíritu de sacrificio. «El interés personal, que constituye casi el único móvil de acción del individuo aislado, no se muestra en las masas como elemento dominante sino en muy contadas ocasiones.» Otros autores hacen resaltar el hecho de ser la sociedad la que impone las normas de la moral al individuo incapaz, en general, de elevarse hasta ellas por si solo, o afirman que en circunstancias excepcionales surge en la colectividad el fenómeno del entusiasmo, el cual ha capacitado a las multitudes para los actos más nobles y generosos. Por lo que respecta a la producción intelectual, está, en cambio, demostrado que las grandes creaciones del pensamiento, los descubrimientos capitales y las soluciones decisivas de grandes problemas no son posibles sino al individuo aislado que labora en la soledad. Sin embargo, también el alma colectiva es capaz de dar vida a creaciones espirituales de un orden genial, como lo prueban, en primer lugar, el idioma y, después, los cantos populares, el folklore, etc. Habría, además, de precisarse cuánto deben el pensador y el poeta a los estímulos de la masa y si son realmente algo más que los perfeccionadores de una labor anímica en la que los demás han colaborado simultáneamente.

En presencia de estas contradicciones, aparentemente irreducibles, parece que la labor de la psicología colectiva ha de resultar estéril. Sin embargo, no es difícil encontrar un camino lleno de esperanzas. Probablemente se ha confundido bajo la denominación genérica de «multitudes» a formaciones muy diversas, entre las cuales es necesario establecer una distinción. Los datos de Sighele, Le Bon y otros se refieren a masas de existencia pasajera, constituidas rápidamente por la asociación de individuos movidos por un interés común, pero muy diferentes unos de otros. Es innegable que los caracteres de las masas revolucionarias, especialmente de las de la Revolución francesa, han influido en su descripción. En cambio, las afirmaciones opuestas se derivan de la observación de aquellas otras masas estables o asociaciones permanentes, en las cuales pasan los hombres toda su vida y que toman cuerpo en las instituciones sociales. Las multitudes de la primera categoría son, con respecto a las de la segunda, lo que las olas breves, pero altas, a la inmensa superficie del mar.

Mac Dougall, que en su libro The Group Mind (Cambridge, 1920) parte de la misma contradicción antes señalada y la resuelve introduciendo el factor «organización». En el caso más sencillo, dice, la masa (group) no posee organización alguna o sólo una organización rudimentaria. A esta masa desorganizada le da el nombre de «multitud» (crowd). Sin embargo, confiesa que ningún grupo humano puede llegar a formarse sin cierto comienzo de organización, y que precisamente en estas masas simples y rudimentarias es en las que más fácilmente pueden observarse algunos de los fenómenos fundamentales de la psicología colectiva. Para que los miembros accidentalmente reunidos de un grupo humano lleguen a formar algo semejante a una masa, en el sentido psicológico de la palabra, es condición necesaria que entre los individuos exista algo común, que un mismo interés los enlace a un mismo objeto, que experimenten los mismos sentimientos en presencia de una situación dada y (por consiguiente, añadiría yo) que posean, en cierta medida, la facultad de influir unos sobre otros (some degree of reciprocal influence between the members of the group). Cuando más enérgica es esta homogeneidad mental, más fácilmente formarán los individuos una masa psicológica y más evidentes serán las manifestaciones de un alma colectiva.

El fenómeno más singular y al mismo tiempo más importante de la formación de la masa consiste en la exaltación o intensificación de la emotividad en los individuos que la integran. Puede decirse opina Mac Dougall -que no existen otras condiciones en las que los afectos humanos alcancen la intensidad a la que llegan en la multitud. Además, los individuos de una multitud experimentan una voluptuosa sensación al entregarse ilimitadamente a sus pasiones y fundirse en la masa, perdiendo el sentimiento de su delimitación individual. Mac Dougall explica esta absorción del individuo por la masa atribuyéndola a lo que él denomina «el principio de la inducción directa de las emociones por medio de la reacción simpática primitiva»; esto es, a aquello que con el nombre de contagio de los afectos nos es ya conocido a nosotros los psicoanalíticos. El hecho es que la percatación de los signos de un estado afectivo es susceptible de provocar automáticamente el mismo afecto en el observador. Esta obsesión automática es tanto más intensa cuanto mayor es el número de las personas en las que se observa simultáneamente el mismo afecto. Entonces el individuo llega a ser incapaz de mantener una actitud crítica y se deja invadir por la misma emoción.

Pero al compartir la excitación de aquellos cuya influencia ha actuado sobre él, aumenta a su vez la de los demás, y de este modo se intensifica por inducción recíproca la carga afectiva de los individuos integrados en la masa. Actúa aquí, innegablemente, algo como una obsesión, que impulsa al individuo a imitar a los demás y a conservarse a tono con ellos. Cuanto más groseras y elementales son las emociones, más probabilidades presentan de propagarse de este modo en una masa.

Este mecanismo de la intensificación afectiva queda favorecido por varias otras influencias emanadas de la multitud. La masa da al individuo la impresión de un poder ilimitado y de un peligro invencible. Sustituye, por el momento, a la entera sociedad humana, encarnación de la autoridad, cuyos castigos se han temido y por la que nos imponemos tantas restricciones.

Es evidentemente peligroso situarse enfrente de ella, y para garantizar la propia seguridad deberá cada uno seguir el ejemplo que observa en derredor suyo, e incluso, si es preciso, llegar a «aullar con los lobos». Obedientes a la nueva autoridad, habremos de hacer callar a nuestra conciencia anterior y ceder así a la atracción del placer, que seguramente alcanzaremos por la cesación de nuestras inhibiciones. No habrá, pues, de asombrarnos que el individuo integrado en una masa realice o apruebe cosas de las que se hubiera alejado en las condiciones ordinarias de su vida, e incluso podemos esperar que este hecho nos permita proyectar alguna luz en las tinieblas de aquellos que designamos con la enigmática palabra «sugestión». Mac Dougall no niega tampoco el principio de la inhibición colectiva de la inteligencia en la masa . Opina que las inteligencias inferiores atraen a su propio nivel a las superiores. Estas últimas ven estorbada su actividad, porque la intensificación de la afectividad crea, en general, condiciones desfavorables para el trabajo intelectual; en segundo lugar, porque los individuos intimados por la multitud ven coartado dicho trabajo, y en tercero, porque en cada uno de los individuos integrados en la masa queda disminuida la conciencia de la responsabilidad.

El juicio de conjunto que Mac Dougall formula sobre la función psíquica de las multitudes simples «desorganizadas» no es mucho más favorable que el de Le Bon. Para él, tal masa es sobremanera excitable, impulsiva, apasionada, versátil, inconsecuente, indecisa y, al mismo tiempo, inclinada a llegar en su acción a los mayores extremos, accesible sólo a las pasiones violentas y a los sentimientos elementales, extraordinariamente fácil de sugestionar, superficial en sus reflexiones, violenta en sus juicios, capaz de asimilarse tan sólo los argumentos y conclusiones más simples e imperfectas, fácil de conducir y conmover. Carece de todo sentimiento de responsabilidad y respetabilidad y se halla siempre pronta a dejarse arrastrar por la conciencia de su fuerza hasta violencias propias de un poder absoluto e irresponsable. Se comporta, pues, como un niño mal educado o como un salvaje apasionado y no vigilado en una situación que no le es familiar. En los casos más graves se conduce más bien como un rebaño de animales salvajes que como una reunión de seres humanos. Dado que Mac Dougall opone a esta actitud la de las multitudes que poseen una organización superior, esperaremos con impaciencia averiguar en qué consiste tal organización y cuáles son los factores que favorecen su establecimiento.

El autor enumera cinco de estos factores capitales, cinco «condiciones principales» necesarias para elevar el nivel de la vida psíquica de la multitud.

La primera condición, y la esencial, consiste en cierta medida de continuidad en la existencia de la masa. Esta continuidad puede ser material o formal: lo primero, cuando las mismas personas forman parte de la multitud durante un período de tiempo más o menos prolongado; lo segundo, cuando dentro de la masa se desarrollan ciertas situaciones, que son ocupadas sucesivamente por personas distintas. En segundo lugar, es necesario que cada uno de los individuos de la masa se haya formado una determinada idea de la naturaleza, la función, la actividad y las aspiraciones de la misma, idea de la que se derivará para él una actitud afectiva con respecto a la totalidad de la masa. En tercer lugar, es preciso que la masa se halle en relación con otras formaciones colectivas análogas, pero diferentes, sin embargo, en diversos aspectos e incluso que rivalicen con ella. La cuarta condición es que la masa posea tradiciones, usos e instituciones propios, relativos sobre todo a las relaciones recíprocas de sus miembros. Por último, la quinta condición es que la multitud posea una organización que se manifieste en la especialización y diferenciación de las actividades de cada uno de sus miembros.

El cumplimiento de estas condiciones haría desaparecer, según Mac Dougall, los defectos psíquicos de la formación colectiva. La disminución colectiva del nivel intelectual se evitaría quitando a la multitud la solución de los problemas intelectuales, para confiarla a los individuos. A nuestro juicio, la condición que Mac Dougall designa con el nombre de «organización» de la multitud podría ser descrita, más justificadamente, en una forma distinta. Trátase de crear en la masa las facultades precisamente características del individuo y que éste ha perdido a consecuencia de su absorción por la multitud. El individuo poseía desde luego, antes de incorporarse a la masa primitiva, su continuidad, su conciencia, sus tradiciones y costumbres, su peculiar campo de acción y su modalidad especial de adaptación, y se mantenía separado de otros con los cuales rivalizaba. Todas estas cualidades las ha perdido temporalmente por su incorporación a la multitud no «organizada». Esta tendencia a dotar a la multitud de los atributos del individuo nos recuerda la profunda observación de W. Trotter, que ve en la tendencia a la formación de masas una expresión biológica de la estructura policelular de los organismos superiores.

SUGESTIÓN Y LIBIDO

Hemos partido del hecho fundamental de que el individuo integrado en una masa experimenta, bajo la influencia de la misma, una modificación, a veces muy profunda, de su actividad anímica. Su afectividad queda extraordinariamente intensificada y, en cambio, notablemente limitada su actividad intelectual. Ambos procesos tienden a igualar al individuo con los demás de la multitud, fin que sólo puede ser conseguido por la supresión de las inhibiciones peculiares a cada uno y la renuncia a las modalidades individuales y personales de las tendencias. Hemos visto que estos efectos, con frecuencia indeseables, pueden quedar neutralizados, al menos en parte, por una «organización» superior de las masas; pero esta posibilidad deja en pie el hecho fundamental de la psicología colectiva; esto es, la elevación de la afectividad y la coerción intelectual en la masa primitiva. Nuestra labor se encaminará, pues, a hallar la explicación psicológica de la modificación psíquica que la influencia de la masa impone al individuo. Evidentemente, la intervención de factores racionales, como la intimidación del individuo por la multitud, o sea, la acción de su instinto de conservación, no basta para explicar los fenómenos observados.

Aquello que fuera de esto nos ofrecen, a titulo explicativo, las autoridades en sociología y psicología de las masas se reduce siempre, aunque presentado bajo diversos nombres, a la misma cosa, resumida en la mágica palabra sugestión. Uno de estos autores -Tarde, G.-habla de imitación, mas por nuestra parte suscribimos sin reservas la opinión de Brugeilles, que considera integrada la imitación en el concepto de sugestión como una consecuencia de la misma. Le Bon reduce todas las singularidades de los fenómenos sociales a dos factores: la sugestión recíproca de los individuos y el prestigio del caudillo. Pero el prestigio no se exterioriza precisamente sino por la facultad de provocar la sugestión. Leyendo a Mac Dougall pudimos experimentar, durante algunos momentos, la impresión de que su principio de la «inducción afectiva primaria» permitía prescindir de la hipótesis de la sugestión. Pero reflexionando más detenidamente, hemos de reconocer que este principio no expresa sino los conocidos fenómenos de la «imitación» o el «contagio», aunque acentuando decididamente el factor afectivo. Es indudable que existe en nosotros una tendencia a experimentar aquellos afectos cuyos signos observamos en otros; pero ¿cuántas veces nos resistimos victoriosamente a ella, rechazando el afecto, e incluso reaccionando de un modo completamente opuesto? Y siendo así, ¿por qué nos entregamos siempre, en cambio, al contagio cuando formamos parte integrante de la masa? Habremos de decirnos nuevamente que es la influencia sugestiva de la masa la que nos obliga a obedecer a esta tendencia a la imitación e induce en nosotros el afecto. Pero, aun dejando aparte todo esto, tampoco nos permite Mac Dougall prescindir de la sugestión, pues como otros muchos autores, nos dice que las masas se distinguen por una especial sugestibilidad.

De este modo quedamos preparados a admitir que la sugestión (o más exactamente, la sugestibilidad) es un fenómeno primario irreducible, un hecho fundamental de la vida anímica humana. Así opinaba Bernheim, de cuyos asombrosos experimentos fui testigo presencial en 1889. Pero recuerdo también haber experimentado por entonces una oscura animosidad contra tal tiranía de la sugestión. Cuando oía a Bernheim interpelar a un enfermo poco dócil con las palabras «¿Qué hace usted? Vous contre-suggestionnez!», me decía que aquello constituía una injusticia y una violencia. El sujeto poseía un evidente derecho a «contrasugestionarse» cuando se le intentaba dominar por medio de sugestiones. Esta resistencia mía tomó después la forma de una rebelión contra el hecho de que la sugestión, que todo lo explicaba, hubiera de carecer por sí misma de explicación, y me repetí, refiriéndome a ella, la antigua pregunta chistosa:

Christoph trug Christum,
Christus trug die ganze Welt,
Sag, wo hat Christoph Damals hin den Fuss gestellt?
Christophorus Christum, sed Christus sustulit orbem:
Constiterit pedibus dic ubi Christophorus?.

Ahora, cuando después de treinta años de alejamiento vuelvo a aproximarme al enigma de la sugestión, encuentro que nada ha cambiado en él, salvo una única excepción, que testimonia precisamente de la influencia del psicoanálisis. Observo, en efecto, en los investigadores un empeño particular por formular correctamente el concepto de la sugestión; esto es, por fijar convencionalmente el uso de este término. No es esto, desde luego, nada superfluo, pues la palabra «sugestión» va adquiriendo con el uso una significación cada vez más imprecisa y pronto acabará por designar una influencia cualquiera, como ya sucede hoy en inglés, idioma en el que las palabras to suggest y suggestion corresponden a las nuestras nahelegen (incitar) y Anregung (estímulo). Pero sobre la esencia de la sugestión, esto es, sobre las condiciones en las cuales se establecen influencias carentes de un fundamento lógico suficiente, no se ha dado aún esclarecimiento alguno. Podría robustecer esta afirmación mediante el análisis de las obras publicadas sobre la materia en los últimos treinta años, pero prescindo de hacerlo por constarme que en sector próximo al de mi actividad se prepara una minuciosa investigación sobre este tema.

En cambio, intentaremos aplicar al esclarecimiento de la psicología colectiva el concepto de la libido, que tan buenos servicios nos ha prestado ya en el estudio de las psiconeurosis.

Libido es un término perteneciente a la teoría de la afectividad. Designamos con él la energía considerada como magnitud cuantitativa, aunque por ahora no censurable -de los instintos relacionados con todo aquello susceptible de ser comprendido bajo el concepto de amor. El nódulo de lo que nosotros denominamos amor se halla constituido, naturalmente, por lo que en general se designa con tal palabra y es cantado por los poetas; esto es, por el amor sexual, cuyo último fin es la cópula sexual. Pero, en cambio, no separamos de tal concepto aquello que participa del nombre de amor, o sea, de una parte, el amor del individuo a sí propio, y de otra, el amor paterno y el filial, la amistad y el amor a la Humanidad en general, a objetos concretos o a ideas abstractas. Nuestra justificación está en el hecho de que la investigación psicoanalítica nos ha enseñado que todas estas tendencias constituyen la expresión de los mismos movimientos instintivos que impulsan a los sexos a la unión sexual; pero que en circunstancias distintas son desviados de este fin sexual o detenidos en la consecución del mismo, aunque conservando de su esencia lo bastante para mantener reconocible su identidad (abnegación, tendencia a la aproximación).

Creemos, pues, que con la palabra «amor», en sus múltiples acepciones, ha creado el lenguaje una síntesis perfectamente justificada y que no podemos hacer nada mejor que tomarla como base de nuestras discusiones y exposiciones científicas. Con este acuerdo ha desencadenado el psicoanálisis una tempestad de indignación, como si se hubiera hecho culpable de una innovación sacrílega. Y, sin embargo, con esta concepción «amplificada» del amor, no ha creado el psicoanálisis nada nuevo. El Eros, de Platón, presenta, por lo que respecta a sus orígenes, a sus manifestaciones y a su relación con el amor sexual, una perfecta analogía con la energía amorosa: esto es, con la libido del psicoanálisis, coincidencia cumplidamente demostrada por Nachmansohn y Pfister en interesantes trabajos ; y cuando el apóstol Pablo alaba el amor en su famosa Epístola a los corintios y lo sitúa sobre todas las cosas, lo concibe seguramente en el mismo sentido «amplificado», de donde resulta que los hombres no siempre toman en serio a sus grandes pensadores, aunque aparentemente los admiren mucho. Estos instintos eróticos son denominados en psicoanálisis, a priori y en razón a su origen, instintos sexuales. La mayoría de los hombres «cultos» ha visto en esta denominación una ofensa y ha tomado venganza de ella lanzando contra el psicoanálisis la acusación de «pansexualismo». Aquellos que consideran la sexualidad como algo vergonzoso y humillante para la naturaleza humana pueden servirse de los términos «Eros» y «Erotismo», más distinguidos. Así lo hubiera podido hacer también yo desde un principio, cosa que me hubiera ahorrado numerosas objeciones. Pero no lo he hecho porque no me gusta ceder a la pusilanimidad. Nunca se sabe a dónde puede llevarle a uno tal camino; se empieza por ceder en las palabras y se acaba a veces por ceder en las cosas. No encuentro mérito alguno en avergonzarse de la sexualidad. La palabra griega Eros, con la que se quiere velar lo vergonzoso, no es, en fin de cuentas, sino la traducción de nuestra palabra Amor. Además, aquel que sabe esperar no tiene necesidad de hacer concesiones.

Intentaremos, pues, admitir la hipótesis de que en la esencia del alma colectiva existen también relaciones amorosas (o para emplear una expresión neutra, lazos afectivos).

Recordemos que los autores hasta ahora citados no hablan ni una sola palabra de esta cuestión. Aquello que corresponde a estas relaciones amorosas aparece oculto en ellos detrás de la sugestión. Nuestra esperanza se apoya en dos ideas. Primeramente, la de que la masa tiene que hallarse mantenida en cohesión por algún poder. ¿Y a qué poder resulta factible atribuir tal función si no es al Eros, que mantiene la cohesión de todo lo existente?

En segundo lugar, la de que, cuando el individuo englobado en la masa renuncia a lo que le es personal y se deja sugestionar por los otros, experimentamos la impresión de que lo hace por sentir en él la necesidad de hallarse de acuerdo con ellos y no en oposición a ellos; esto es, por « amor a los demás »[ihnen zu Liebe].

DOS MASAS ARTIFICIALES: LA IGLESIA Y EL EJÉRCITO

Por lo que respecta a la morfología de las masas, recordaremos que podemos distinguir muy diversas variedades y direcciones muy divergentes e incluso opuestas en su formación y constitución. Existen, en efecto, multitudes efímeras y otras muy duraderas; homogéneas, esto es, compuestas de individuos semejantes, y no homogéneas; naturales y artificiales o necesitadas de una coerción exterior; primitivas y diferenciadas, con un alto grado de organización. Mas, por razones que luego irán apareciendo, insistiremos aquí particularmente en una diferenciación a la que los autores no han concedido aún atención suficiente. Me refiero a la de aquellas masas que carecen de directores y las que, por el contrario, los poseen. Y en completa oposición con la general costumbre adoptada, no elegiremos como punto de partida de nuestras investigaciones una formación colectiva relativamente simple, sino masas artificiales, duraderas y altamente organizadas. La Iglesia y el Ejército son masas artificiales; esto es, masas sobre las que actúa una coerción exterior encaminada a preservarlas de la disolución y a evitar modificaciones de su estructura. En general, no depende de la voluntad del individuo entrar o no a formar parte de ellas, y una vez dentro, la separación se halla sujeta a determinadas condiciones, cuyo incumplimiento es rigurosamente castigado. La cuestión de saber por qué estas asociaciones precisan de semejantes garantías no nos interesa por el momento, y sí, en cambio, la circunstancia de que estas multitudes, altamente organizadas y protegidas (en la forma indicada) contra la disgregación, nos revelan determinadas particularidades, que en otras se mantienen ocultas o disimuladas.

En la Iglesia y habrá de sernos muy ventajoso tomar como muestra la Iglesia católica- y en el Ejército reina, cualesquiera que sean sus diferencias en otros aspectos, una misma ilusión: la ilusión de la presencia visible o invisible de un jefe (Cristo, en la Iglesia católica, y el general en jefe, en el Ejército), que ama con igual amor a todos los miembros de la colectividad. De esta ilusión depende todo, y su desvanecimiento traería consigo la disgregación de la Iglesia o del Ejército, en la medida en que la coerción exterior lo permitiese. El igual amor de Cristo por sus fieles todos aparece claramente expresado en las palabras: «De cierto os digo que en cuanto le hicisteis a uno de estos mis hermanos pequeñitos, a Mí lo hicisteis.» Para cada uno de los individuos que componen la multitud creyente es Cristo un bondadoso hermano mayor, una sustitución del padre. De este amor de Cristo se derivan todas las exigencias de que se hace objeto al individuo creyente, y el aliento democrático que anima a la Iglesia depende de la igualdad de todos los fieles ante Cristo y de su idéntica participación en el amor divino. No sin una profunda razón se compara la comunidad cristiana a una familia y se consideran los fieles como hermanos en Cristo; esto es, como hermanos por el amor que Cristo les profesa. En el lazo que une a cada individuo con Cristo hemos de ver indiscutiblemente la causa del que une a los individuos entre sí. Análogamente sucede en el Ejército. El jefe es el padre que ama por igual a todos sus soldados, razón por la cual estos son camaradas unos de otros. Desde el punto de vista de la estructura, el Ejército se distingue de la Iglesia en el hecho de hallarse compuesto por una jerarquía de masas de este orden: cada capitán es el general en jefe y el padre de su compañía, y cada suboficial, de su sección. La Iglesia presenta asimismo una jerarquía; pero que no desempeña ya en ella el mismo papel económico, pues ha de suponerse que Cristo conoce mejor a sus fieles que el general a sus soldados y se ocupa más de ellos.

Contra esta concepción de la estructura libidinosa del Ejército se objetará, con razón, que prescinde en absoluto de las ideas de patria, de gloria nacional, etcétera, tan importantes para la cohesión del Ejército.

En respuesta a tal objeción alegaremos que se trata de un caso distinto y mucho menos sencillo de formación colectiva, y que los ejemplos de grandes capitanes, tales como César, Wallenstein y Napoleón, demuestran que dichas ideas no son indispensables para el mantenimiento de la cohesión de un Ejército. Más tarde trataremos brevemente de la posible sustitución del jefe por una idea directora y de las relaciones entre ésta y aquél. La negligencia de este factor libidinoso en el Ejército parece constituir, incluso en aquellos casos en los que no es el único que actúa, no sólo un error teórico, sino también un peligro práctico. El militarismo prusiano, tan antipsicológico como la ciencia alemana, ha experimentado quizá las consecuencias de tal error en la gran guerra. Las neurosis de guerra que disgregaron el Ejército alemán representaban una protesta del individuo contra el papel que le era asignado en el Ejército, y según las comunicaciones de E. Simmel, puede afirmarse que la rudeza con que los jefes trataban a sus hombres constituyó una de las principales causas de tales neurosis.

Si se hubiera atendido más a la mencionada aspiración libidinosa del soldado, no habrían encontrado, probablemente, tan fácil crédito las fantásticas promesas de los catorce puntos del presidente americano, y los jefes militares alemanes, artistas de la guerra, no hubiesen visto quebrarse entre sus manos el magnífico instrumento de que disponían. Habremos de tener en cuenta que en las dos masas artificiales de que venimos tratando la Iglesia y el Ejército - se halla el individuo doblemente ligado por lazos libidinosos; en primer lugar, al jefe (Cristo o el general), y, además, a los restantes individuos de la colectividad. Más adelante investigaremos las relaciones existentes entre estos dos órdenes de lazos, viendo si son o no de igual naturaleza y valor y cómo pueden ser descritos psicológicamente. Pero desde ahora creemos poder reprochar ya a los autores no haber atendido suficientemente a la importancia del director para la psicología de la masa. En cambio nosotros nos hemos situado en condiciones más favorables, por la elección de nuestro primer objeto de investigación, y creemos haber hallado el camino que ha de conducirnos a la explicación del fenómeno fundamental de la psicología colectiva, o sea, de la carencia de libertad del individuo integrado en una multitud. Si cada uno de tales individuos se halla ligado, por sólidos lazos afectivos, a dos centros diferentes, no ha de sernos difícil derivar de esta situación la modificación y la limitación de su personalidad, generalmente observadas.

El fenómeno del pánico, observable en las masas militares con mayor claridad que en ninguna otra formación colectiva, nos demuestra también que la esencia de una multitud consiste en los lazos libidinosos existentes en ella. El pánico se produce cuando tal multitud comienza a disgregarse y se caracteriza por el hecho de que las órdenes de los jefes dejan de ser obedecidas, no cuidándose ya cada individuo sino de sí mismo, sin atender para nada a los demás. Rotos así los lazos recíprocos, surge un miedo inmenso e insensato.

Naturalmente, se nos objetará aquí que invertimos el orden de los fenómenos y que es el miedo el que, al crecer desmesuradamente, se impone a toda clase de lazos y consideraciones. Mac Dougall ha llegado incluso a utilizar el caso del pánico (aunque no del militar) como ejemplo modelo de su teoría de la intensificación de los afectos por contagio (primary induction). Pero esta explicación racionalista es absolutamente insatisfactoria, pues lo que se trata de explicar es precisamente por qué el miedo ha llegado a tomar proporciones tan gigantescas.

Ello no puede atribuirse a la magnitud del peligro, pues el mismo Ejército, que en un momento dado sucumbe al pánico, puede haber arrostrado impávido, en otras ocasiones semejantes, peligros mucho mayores, y la esencia del pánico está precisamente en carecer de relación con el peligro que amenaza y desencadenarse, a veces, por causas insignificantes. Cuando el individuo integrado en una masa en la que ha surgido el pánico comienza a no pensar más que en sí mismo, demuestra con ello haberse dado cuenta del desgarramiento de los lazos afectivos que hasta entonces disminuían a sus ojos el peligro.

Ahora que se encuentra ya aislado ante él, tiene que estimarlo mayor. Resulta, pues, que el miedo al pánico presupone el relajamiento de la estructura libidinosa de la masa y constituye una justificada reacción al mismo, siendo errónea la hipótesis contraria de que los lazos libidinosos de la masa quedan destruidos por el miedo ante el peligro.

Estas observaciones no contradicen la afirmación de que el miedo colectivo crece hasta adquirir inmensas proporciones bajo la influencia de la inducción (contagio). Esta teoría de Mac Dougall resulta exacta en aquellos casos en los que el peligro es realmente grande y no existen en la masa sólidos lazos afectivos, circunstancias que se dan, por ejemplo, cuando en un teatro o una sala de reuniones estalla un incendio. Pero el caso más instructivo y mejor adaptado a nuestros fines es el de un Cuerpo de Ejército invadido por el pánico ante un peligro que no supera la medida ordinaria y que ha sido afrontado otras veces con perfecta serenidad. Por cierto que la palabra «pánico» no posee una determinación precisa e inequívoca. A veces se emplea para designar el miedo colectivo, otras es aplicada al miedo individual, cuando el mismo supera toda medida, y otras, por último, parece reservada a aquellos casos en los que la explosión del miedo no se muestra justificada por las circunstancias. Dándole el sentido de «miedo colectivo», podremos establecer una amplia analogía. El miedo del individuo puede ser provocado por la magnitud del peligro o por la ruptura de lazos afectivos (localizaciones de la libido). Este último caso es el de la angustia neurótica. Del mismo modo se produce el pánico por la intensificación del peligro que a todos amenaza o por la ruptura que los lazos afectivos que garantizaban la cohesión de la masa, y en este último caso, la angustia colectiva presenta múltiples analogías con la angustia neurótica.

Viendo, como Mac Dougall, en el pánico una de las manifestaciones más características del group mind, se llega a la paradoja de que esta alma colectiva se disolvería por sí misma en una de sus exteriorizaciones más evidentes, pues es indudable que el pánico significa la disgregación de la multitud, teniendo, por consecuencia, la cesación de todas las consideraciones que antes se guardaban recíprocamente los miembros de la misma. La causa típica de la explosión de un pánico es muy análoga a la que nos ofrece Nestroy en su parodia del drama Judith y Holofernes, de Hebbel. En esta parodia grita un guerrero: «El jefe ha perdido la cabeza», y todos los asirios emprenden la fuga. sin que el peligro aumente, basta la pérdida del jefe -en cualquier sentido- para que surja el pánico. Con el lazo que los ligaba al jefe desaparecen generalmente los que ligaban a los individuos entre sí, y la masa se pulveriza como un frasquito boloñés al que se le rompe la punta. La disgregación de una masa religiosa resulta ya más difícil de observar. Recientemente he tenido ocasión de leer una novela inglesa de espíritu católico y recomendada por el obispo de Londres -When it was dark- , en la que se describe con tanta destreza, a mi juicio, como exactitud tal eventualidad y sus consecuencias. El autor imagina una conspiración urdida en nuestros días, por enemigos de la persona de Cristo y de la fe cristiana, que pretende haber conseguido descubrir en Jerusalén un sepulcro con una inscripción en la cual confiesa José de Arimatea haber sustraído, por razones piadosas, tres días después de su entierro, el cadáver de Cristo, trasladándolo de su primer enterramiento a aquel otro.

Este descubrimiento arqueológico significa la ruina de los dogmas de la resurrección de Cristo y de su naturaleza divina y trae consigo la conmoción de la cultura europea y un incremento extraordinario de todos los crímenes y violencias, hasta el día en que la conspiración tramada por los falsarios es descubierta y denunciada. Lo que aparece en el curso de esta supuesta descomposición de la masa religiosa no es el miedo, para el cual falta todo pretexto, sino impulsos egoístas y hostiles a los que el amor común de Cristo hacia todos los hombres había impedido antes manifestarse. Pero aun durante el reinado de Cristo hay individuos que se hallan fuera de tales lazos afectivos: aquellos que no forman parte de la comunidad de los creyentes, no aman a Cristo ni son amados por El. Por este motivo, toda religión, aunque se denomine religión de amor, ha de ser dura y sin amor para con todos aquellos que no pertenezcan a ella. En el fondo, toda religión es una religión de amor para sus fieles y, en cambio, cruel e intolerable para aquellos que no la reconocen.

Por incomprensible que pueda parecernos personalmente, no debemos reprochar demasiado al creyente su crueldad y su intolerancia, actitud que los incrédulos y los indiferentes podrán adoptar sin tropezar con obstáculo ninguno psicológico. Si tal intolerancia no se manifiesta hoy de un modo tan cruel y violento como en siglos anteriores, no hemos de ver en ello una dulcificación de las costumbres de los hombres. La causa se halla más bien en la indudable debilitación de los sentimientos religiosos y de los lazos afectivos de ellos dependientes. Cuando una distinta formación colectiva sustituye a la religiosa, como ahora parece conseguirlo la socialista, surgirá contra los que permanezcan fuera de ella la misma intolerancia que caracterizaba las luchas religiosas, y si las diferencias existentes entre las concepciones científicas pudiesen adquirir a los ojos de las multitudes una igual importancia, veríamos producirse por las mismas razones igual resultado.

OTROS PROBLEMAS Y ORIENTACIONES

Hasta aquí hemos investigado dos masas artificiales y hemos hallado que aparecen dominadas por dos órdenes distintos de lazos afectivos, de los cuales los que enlazan a los individuos con el jefe se nos muestran como más decisivos -al menos para ellos- que los que enlazan a los individuos entre si. Ahora bien: en la morfología de las masas habría aún mucho que investigar y describir. Habría que comenzar por establecer que una simple reunión de hombres no constituye una masa, mientras no se den en ella los lazos antes mencionados, si bien tendríamos que confesar, al mismo tiempo, que en toda reunión del hombre surge muy fácilmente la tendencia a la formación de una masa psicológica.

Habríamos de prestar luego atención a las diversas masas, más o menos permanentes, que se forman de un modo espontáneo, y estudiar las condiciones de su formación y de su descomposición. Ante todo, nos interesaríamos particularmente por la diferencia entre las masas que ostentan un director y aquellas que carecen de él. Así investigaríamos si las primeras no son las más primitivas y perfectas, si en las segundas no puede hallarse sustituido el director por una idea o abstracción (las masas religiosas, obedientes a una cabeza invisible, constituirán el tipo de transición), y también si una tendencia o un deseo susceptibles de ser compartidos por un gran número de personas no podrían constituir asimismo tal sustitución. La abstracción podría, a su vez, encarnar más o menos perfectamente en la persona de un director secundario, y entonces se establecerían entre el jefe y la idea relaciones muy diversas e interesantes. El director o la idea directora podrían también revestir un carácter negativo; esto es, el odio hacia una persona o una institución determinadas podría actuar análogamente al efecto positivo y provocar lazos afectivos semejantes. Asimismo habríamos de preguntarnos si el director es realmente indispensable para la esencia de la masa, etc.

Pero todas estas cuestiones, algunas de las cuales han sido ya estudiadas en las obras de psicología colectiva, no consiguen apartar nuestro interés de los problemas psicológicos fundamentales que la estructura de una masa nos plantea. Y, ante todo, surge en nosotros una reflexión que nos muestra el camino más corto para llegar a la demostración de que la característica de una masa se halla en los lazos libidinosos que la entrecruzan.

Intentaremos representarnos cómo se comportan los hombres mutuamente desde el punto de vista afectivo. Según la célebre parábola de los puercoespines ateridos (Schopenhauer: Parenga und Paralipomena, 2ª parte, XXXI, «Gleichnisse und Parabeln»), ningún hombre soporta una aproximación demasiado íntima a los demás. «En un crudo día invernal, los puercoespines de una manada se apretaron unos contra otros para prestarse mutuo calor.

Pero al hacerlo así se hirieron recíprocamente con sus púas y hubieron de separarse.

Obligados de nuevo a juntarse por el frío, volvieron a pincharse y a distanciarse. Estas alternativas de aproximación y alejamiento duraron hasta que les fue dado hallar una distancia media en la que ambos males resultaban mitigados.»

Conforme al testimonio del psicoanálisis, casi todas las relaciones afectivas íntimas de alguna duración entre dos personas -el matrimonio, la amistad, el amor paterno y el filial - dejan un depósito de sentimientos hostiles, que precisa, para escapar de la percepción, del proceso de la represión. Este fenómeno se nos muestra más claramente cuando vemos a dos asociados pelearse de continuo o al subordinado murmurar sin cesar contra su superior. El mismo hecho se produce cuando los hombres se reúnen para formar conjuntos más amplios.

Siempre que dos familias se unen por un matrimonio, cada una de ellas se considera mejor y más distinguida que la otra. Dos ciudades vecinas serán siempre rivales, y el más insignificante cantón mirará con desprecio a los cantones limítrofes. Los grupos étnicos afines se repelen recíprocamente; el alemán del Sur no puede aguantar al del Norte; el inglés habla despectivamente del escocés, y el español desprecia al portugués. La aversión se hace más difícil de dominar cuanto mayores son las diferencias, y, de este modo, hemos cesado ya de extrañar la que los galos experimentan por los germanos, los arios por los semitas y los blancos por los hombres de color.

Cuando la hostilidad se dirige contra personas amadas, decimos que se trata de una ambivalencia afectiva, y nos explicamos el caso, probablemente de un modo demasiado racionalista, por los numerosos pretextos que las relaciones muy íntimas ofrecen para el nacimiento de conflictos de intereses. En los sentimientos de repulsión y de aversión que surgen sin disfraz alguno contra personas extrañas, con las cuales nos hallamos en contacto, podemos ver la expresión de un narcisismo que tiende a afirmarse y se conduce como si la menor desviación de sus propiedades y particularidades individuales implicase una crítica de las mismas y una invitación a modificarlas. Lo que no sabemos es por qué se enlaza tan grande sensibilidad a estos detalles de la diferenciación. En cambio, es innegable que esta conducta de los hombres revela una disposición al odio y una agresividad, a las cuales podemos atribuir un carácter elemental. Pero toda esta intolerancia desaparece, fugitiva o duraderamente, en la masa. Mientras que la formación colectiva se mantiene, los individuos se comportan como cortados por el mismo patrón: toleran todas las particularidades de los otros, se consideran iguales a ellos y no experimentan el menor sentimiento de aversión. Según nuestras teorías, tal restricción del narcisismo no puede ser provocada sino por un solo factor; por el enlace libidinoso a otras personas. El egoísmo no encuentra un límite más que en el amor a otros, el amor a objetos.

Se nos preguntará aquí si la simple comunidad de intereses no habría de bastar por sí sola, y sin la intervención de elemento libidinoso alguno, para inspirar al individuo tolerancia y consideración con respecto a los demás. A esta objeción responderemos que en tal forma no puede producirse una limitación permanente del narcisismo, pues en las asociaciones de dicho género la tolerancia durará tan sólo lo que dure el provecho inmediato producido por la colaboración de los demás. Pero el valor práctico de esta cuestión es menor de lo que pudiéramos creer, pues la experiencia ha demostrado que aun en los casos de simple colaboración se establecen regularmente entre los camaradas relaciones libidinosas, que van más allá de las ventajas puramente prácticas extraídas por cada uno de la colaboración. En las relaciones sociales de los hombres volvemos a hallar aquellos hechos que la investigación psicoanalítica nos ha permitido observar en el curso del desarrollo de la libido individual. La libido se apoya en la satisfacción de las grandes necesidades individuales y elige como primeros objetos aquellas personas que en ella intervienen. En el desarrollo de la Humanidad, como en el del individuo, es el amor lo que ha revelado ser el principal factor de civilización, y aun quizá el único, determinado el paso del egoísmo al altruismo. Y tanto el amor sexual a la mujer, con la necesidad de él derivada de proteger todo lo que era grato al alma femenina como el amor desexualizado, homosexual sublimado, por otros hombres; amor que nace del trabajo común.

Así, pues, cuando observamos que en la masa surgen restricciones del egoísmo narcisista, inexistentes fuera de ella, habremos de considerar tal hecho como una prueba de que la esencia de la formación colectiva reposa en el establecimiento de nuevos lazos libidinosos entre los miembros de la misma. El problema que aquí se nos plantea es el de cuál puede ser la naturaleza de tales nuevos lazos afectivos. En la teoría psicoanalítica de las neurosis nos hemos ocupado hasta ahora casi exclusivamente de los lazos que unen a aquellos instintos eróticos que persiguen aún fines sexuales directos, con sus objetos correspondientes. En la multitud no puede tratarse, evidentemente, de tales fines. Nos hallamos aquí ante instintos eróticos que, sin perder nada de su energía, aparecen desviados de sus fines primitivos. Ahora bien: ya dentro de los límites de la fijación sexual ordinaria a objetos hemos observado fenómenos que corresponden a una desviación del instinto de su fin sexual y los hemos descrito como grados del estado amoroso, reconociendo que comportan una cierta limitación del yo. En las páginas que siguen vamos a examinar con particular atención estos fenómenos del enamoramiento, con la esperanza fundada a nuestro juicio -de deducir de ellos conclusiones aplicables a los lazos afectivos que atraviesan las masas. Además, quisiéramos averiguar si esta clase de fijación a un objeto, tal como la observación en la vida sexual, es el único género existente de enlace afectivo a otra persona o si habremos de tener en cuenta otros mecanismos. Ahora bien: el psicoanálisis nos revela precisamente la existencia de estos otros mecanismos del enlace afectivo al descubrirnos las identificaciones, procesos aún insuficientemente conocidos y difíciles de descubrir, cuyo examen va a mantenernos alejados durante algún tiempo de nuestro tema principal, la psicología colectiva.

LA IDENTIFICACIÓN

La identificación es conocida en el psicoanálisis como la manifestación más temprana de un enlace afectivo a otra persona, y desempeña un importante papel en la prehistoria del complejo de Edipo. El niño manifiesta un especial interés por su padre; quisiera ser como él y reemplazarlo en todo. Podemos, pues, decir que hace de su padre su ideal. Esta conducta no presenta, en absoluto, una actitud pasiva o femenina con respecto al padre (o al hombre, en general), sino que es estrictamente masculina y se concilia muy bien con el complejo de Edipo, a cuya preparación contribuye. Simultáneamente a esta identificación con el padre o algo más tarde, comienza el niño a tomar a su madre como objeto de sus instintos libidinosos. Muestra, pues, dos órdenes de enlaces psicológicamente diferentes. Uno, francamente sexual, a la madre, y una identificación con el padre, al que considera como modelo que imitar. Estos dos enlaces coexisten durante algún tiempo sin influir ni estorbarse entre sí. Pero a medida que la vida psíquica tiende a la unificación, van aproximándose hasta acabar por encontrarse, y de esta confluencia nace el complejo de Edipo normal. El niño advierte que el padre le cierra el camino hacia la madre, y su identificación con él adquiere por este hecho un matiz hostil, terminando por fundirse en el deseo de sustituirle también cerca de la madre. La identificación es además, desde un principio, ambivalente, y puede concretarse tanto en una exteriorización cariñosa como en el deseo de supresión. Se comporta como una ramificación de la primera fase, la fase oral de la organización de la libido, durante la cual el sujeto se incorporaba al objeto ansiado y estimado, comiéndoselo, y al hacerlo así lo destruía. Sabido es que el caníbal ha permanecido en esta fase: ama a sus enemigos, esto es, gusta de ellos o los estima para comérselos, y no se come sino a aquellos a quienes ama desde este punto de vista. Más tarde perdemos de vista los destinos de esta identificación con el padre.

Puede suceder que el complejo de Edipo experimente una inversión, o sea que, adoptando el sujeto una actitud femenina, se convierta el padre en el objeto del cual esperan su satisfacción los instintos sexuales directos, y en este caso la identificación con el padre constituye la fase preliminar de su conversión en objeto sexual. Este mismo proceso preside la actitud de la hija con respecto a la madre. No es difícil expresar en una fórmula esta diferencia entre la identificación con el padre y la elección del mismo como objeto sexual.

En el primer caso, el padre es lo que se quisiera ser, en el segundo, lo que se quisiera tener. La diferencia está, pues, en que el factor interesado sea el sujeto o el objeto del yo.

por este motivo, la identificación es siempre posible antes de toda elección de objeto. Lo que ya resulta mucho más difícil es construir una representación metapsicológica concreta de esta diferencia. Todo lo que comprobamos es que la identificación aspira a conformar el propio yo análogamente al otro tomado como modelo. En un síntoma neurótico la identificación se enlaza a un conjunto más complejo. Supongamos el caso de que la hija contrae el mismo síntoma patológico que atormenta a la madre, por ejemplo, una tos pertinaz. Pues bien: esta identificación puede resultar de dos procesos distintos. Puede ser, primeramente, la misma del complejo de Edipo, significando, por tanto, el deseo hostil de sustituir a la madre, y entonces el síntoma expresa la inclinación erótica hacia el padre y realiza la sustitución deseada, pero bajo la influencia directa de la conciencia de la culpabilidad: «¿No querías ser tu madre? Ya lo has conseguido. Por lo menos, ya experimentas sus mismos sufrimientos.» Tal es el mecanismo completo de la formación de síntomas histéricos.

Pero también puede suceder que el síntoma sea el mismo de la persona amada (así, en nuestro Fragmento del análisis de una histeria, imita Dora la tos de su padre), y entonces habremos de describir la situación diciendo que la identificación ha ocupado el lugar de la elección de objeto, transformándose ésta, por regresión, en una identificación. Sabemos ya que la identificación representa la forma más temprana y primitiva del enlace afectivo. En las condiciones que presiden la formación de síntomas y, por tanto, la represión bajo el régimen de los mecanismos, de lo inconsciente, sucede con frecuencia que la elección de objeto deviene una nueva identificación, absorbiendo el yo las cualidades del objeto. Lo singular es que en estas identificaciones copia el yo unas veces a la persona no amada, y otras, en cambio, a la amada. Tiene que parecernos también extraño que en ambos casos la identificación no es sino parcial y altamente limitada, contentándose con tomar un solo rasgo de la persona-objeto.

En un tercer caso, particularmente frecuente y significativo, de formación de síntomas, la identificación se efectúa independientememte de toda actitud libidinosa con respecto a la persona copiada. Cuando, por ejemplo, una joven alumna de un pensionado recibe de su secreto amor una carta que excita sus celos y a la cual reacciona con un ataque histérico, algunas de sus amigas, conocedoras de los hechos, serán víctimas de lo que pudiéramos denominar la infección psíquica y sufrirán, a su vez, un igual ataque. El mecanismo al que aquí asistimos es el de la identificación, hecha posible por la aptitud o la voluntad de colocarse en la misma situación. Las demás pueden tener también una secreta intriga amorosa y aceptar, bajo la influencia del sentimiento de su culpabilidad, el sufrimiento con ella enlazado. Sería inexacto afirmar que es por simpatía por lo que se asimilan el síntoma de su amiga. Por lo contrario, la simpatía nace únicamente de la identificación, y prueba de ello es que tal infección o imitación se produce igualmente en casos en los que entre las dos personas existe menos simpatía que la que puede suponerse entre dos condiscípulos de una pensión. Uno de los *yo* ha advertido en el otro una importante analogía en un punto determinado (en nuestro caso se trata de un grado de sentimentalismo igualmente pronunciado); inmediatamente se produce una identificación en este punto, y bajo la influencia de la situación patógena se desplaza esta identificación hasta el síntoma producido por el yo imitado. La identificación por medio del síntoma señala así el punto de contacto de los dos *yo*, punto de encuentro que debía mantenerse reprimido.

Las enseñanzas extraídas de estas tres fuentes pueden resumirse en la forma que sigue: 1°. La identificación es la forma primitiva del enlace afectivo a un objeto; 2°. Siguiendo una dirección regresiva, se convierte en sustitución de un enlace libidinoso a un objeto, como por introyección de objeto en el yo; y 3°. Puede surgir siempre que el sujeto descubre en sí un rasgo común con otra persona que no es objeto de sus instintos sexuales. Cuanto más importante sea tal comunidad, más perfecta y completa podrá llegar a ser la identificación parcial y constituir así el principio de un nuevo enlace. Sospechamos ya que el enlace recíproco de los individuos de una masa es de la naturaleza de tal identificación, basada en una amplia comunidad afectiva, y podemos suponer que esta comunidad reposa en la modalidad del enlace con el caudillo. Advertimos también que estamos aún muy lejos de haber agotado el problema de la identificación y que nos hallamos ante el proceso denominado «proyección simpática» (Einfuehlung) por la Psicología, proceso del que depende en su mayor parte nuestra comprensión del yo de otras personas. Pero habiendo de limitarnos aquí a las consecuencias afectivas inmediatas de la identificación, dejaremos a un lado su significación para nuestra vida intelectual.

La investigación psicoanalítica, que también se ha ocupado ya ocasionalmente de los difíciles problemas de la psicosis, ha podido comprobar la existencia de la identificación en algunos otros casos de difícil interpretación. Expondremos aquí detalladamente dos de estos casos a título de material para nuestras ulteriores reflexiones. La génesis del homosexualismo es, con gran frecuencia, la siguiente: el joven ha permanecido fijado a su madre, en el sentido del complejo de Edipo, durante un lapso mucho mayor del ordinario y muy intensamente. Con la pubertad llega luego el momento de cambiar a la madre por otro objeto sexual, y entonces se produce un súbito cambio de orientación: el joven no renuncia a su madre, sino que se identifica con ella, se transforma en ella y busca objetos susceptibles de reemplazar a su propio yo y a los que amar y cuidar como él ha sido amado y cuidado por su madre. Es éste un proceso nada raro, que puede ser comprobado cuantas veces se quiera y que, naturalmente, no depende en absoluto de las hipótesis que puedan constituirse sobre la fuerza impulsiva orgánica y los motivos de tan súbita transformación.

Lo más singular de esta identificación es su amplitud. El yo queda transformado en un orden importantísimo, en el carácter sexual, conforme al modelo de aquel otro que hasta ahora constituía su objeto, quedando entonces perdido o abandonado el objeto, sin que de momento podamos entrar a discutir si el abandono es total o permanece conservado el objeto en lo inconsciente. La sustitución del objeto abandonado o perdido, por la identificación con él, o sea la introyección de este objeto en el yo, son hechos que ya conocemos, habiendo tenido ocasión de observarlos directamente en la vida infantil.

Así, la Internationale Zeitschrift für Psychoanalyse ha publicado recientemente el caso de un niño que, entristecido por la muerte de un gatito, declaró ha poco ser él ahora dicho animal y comenzó a andar a cuatro patas, negándose a comer en la mesa, etc. El análisis de la melancolía, afección que cuenta entre sus causas más evidentes la pérdida real o afectiva del objeto amado, nos ofrece otro ejemplo de esta introyección del objeto. Uno de los principales caracteres de estos casos es la cruel autohumillación del yo, unida a una implacable autocrítica y a los amargos reproches. El análisis ha demostrado que estos reproches y estas críticas se dirigen en el fondo contra el objeto y representan la venganza que de él toma el yo. La sombra del objeto ha caído sobre el yo, hemos dicho en otro lugar.

La introyección del objeto es aquí de una evidente claridad.

Pero estas melancolías nos muestran aún algo más, que puede sernos muy importante para nuestras ulteriores consideraciones. Nos muestran al yo dividido en dos partes, una de las cuales combate implacablemente a la otra. Esta otra es la que ha sido transformada por la introyección, la que entraña el objeto perdido. Pero tampoco la parte que tan cruel se muestra con la anterior nos es desconocida. Encierra en sí la conciencia moral, una instancia crítica localizada en el yo y que también en épocas normales se ha enfrentado críticamente con el mismo, aunque nunca tan implacable e injustamente. Ya en otras ocasiones (con motivo del narcisismo, del duelo y de la melancolía) hemos tenido que construir la hipótesis de que en nuestro yo se desarrolla tal instancia que puede separarse del otro yo y entrar en conflicto con él. A esta instancia le dimos el nombre de ideal del yo

(Ichideal) y le adscribimos como funciones la autoobservación, la conciencia moral, la censura onírica y la influencia principal en la represión.

Dijimos también que era la heredera del narcisismo primitivo, en el cual el yo infantil se bastaba a sí mismo y que poco a poco iba tomando, de las influencias del medio, las exigencias que éste planteaba al yo y que el mismo no siempre podía satisfacer, de manera que cuando el hombre llegaba a hallarse descontento de sí mismo podía encontrar su satisfacción en el ideal del yo, diferenciado del yo. Establecimos, además, que en el delirio de autoobservación se hace evidente la descomposición de esta instancia, revelándosenos así su origen en las influencias ejercidas sobre el sujeto por las autoridades que han pesado sobre él, sus padres en primer lugar . Pero no olvidamos añadir que la distancia entre este ideal del yo y el yo actual es muy variable según los individuos, y que en muchos de ellos no sobrepasa tal diferenciación, en el seno del yo, los límites que presenta en el niño. Pero antes de poder utilizar estos materiales para la inteligencia de la organización libidinosa de una masa habremos de considerar algunas otras relaciones recíprocas entre el objeto y el yo.

ENAMORAMIENTO E HIPNOSIS

El lenguaje usual permanece siempre fiel a una realidad cualquiera, incluso en sus caprichos. Así designa con el nombre de «amor» muy diversas relaciones afectivas, que también nosotros reunimos teóricamente bajo tal concepto, pero dejando en duda si este amor es el genuino y verdadero, señala toda una escala de posibilidades dentro de los fenómenos amorosos, escala que no ha de sernos difícil descubrir. En cierto número de casos, el enamoramiento no es sino un revestimiento de objeto por parte de los instintos sexuales, revestimiento encaminado a lograr una satisfacción sexual directa y que desaparece con la consecución de este fin. Esto es lo que conocemos como amor corriente o sensual. Pero sabemos muy bien que la situación libidinosa no presenta siempre esta carencia de complicación. La certidumbre de que la necesidad recién satisfecha no había de tardar en resurgir, hubo de ser el motivo inmediato de la persistencia del revestimiento del objeto sexual, aun en los intervalos en los que el sujeto no sentía la necesidad de «amar». La singular evolución de la vida erótica humana nos ofrece un segundo factor. El niño encontró durante la primera fase de su vida, fase que se extiende hasta los cinco años, su primer objeto erótico en su madre (la niña, en su padre), y sobre este primer objeto erótico se concentraron todos sus instintos sexuales que aspiraban a hallar satisfacción. La represión ulterior impuso el renunciamiento a la mayoría de estos fines sexuales infantiles y dejó tras sí una profunda modificación de las relaciones del niño con sus padres. El niño permanece en adelante ligado a sus padres, pero con instintos a los que podemos calificar de «coartados en sus fines». Los sentimientos que desde este punto experimenta hacia tales personas amadas son calificados de «tiernos». Sabido es que las tendencias «sexuales» anteriores quedan conservadas con mayor o menor intensidad en lo inconsciente, de manera que la corriente total primitiva perdura en cierto sentido.

Con la pubertad surgen nuevas tendencias muy intensas, orientadas hacia los fines sexuales directos. En los casos menos favorables perduran separadas de las direcciones sentimentales «tiernas» permanentes en calidad de corriente sensual. Obtenemos entonces aquel cuadro cuyos dos aspectos han sido tan frecuentemente idealizados por determinadas orientaciones literarias. El hombre muestra apasionada inclinación hacia mujeres que le inspiran un alto respeto, pero que no le incitan al comercio amoroso, y, en cambio, sólo es potente con otras mujeres a las que no «ama», estima en poco o incluso desprecia. Pero lo más frecuente es que el joven consiga realizar en cierta medida la síntesis del amor espiritual y asexual con el amor sexual y terreno, apareciendo caracterizada su actitud con respecto al objeto sexual por la acción conjunta de instintos libres e instintos coartados en su fin. Por la parte correspondiente a los instintos de ternura coartados en su fin puede medirse el grado de enamoramiento, en oposición al de simple deseo sensual. Dentro de este enamoramiento nos ha interesado desde un principio el fenómeno de la «superestimación sexual», esto es, el hecho de que el objeto amado queda sustraído en cierto modo a la crítica, siendo estimadas todas sus cualidades en más alto valor que cuando aún no era amado o que las de personas indiferentes. Dada una represión o retención algo eficaz de las tendencias sexuales, surge la ilusión de que el objeto es amado también sensualmente a causa de sus excelencias psíquicas, cuando, por lo contrario, es la influencia del placer sensual lo que nos ha llevado a atribuirle tales excelencias.

Lo que aquí falsea el juicio es la tendencia a la idealización. Pero este mismo hecho contribuye a orientarnos. Reconocemos, en efecto, que el objeto es tratado como el propio yo del sujeto y que en el enamoramiento pasa al objeto una parte considerable de libido narcisista. En algunas formas de la elección amorosa llega incluso a evidenciarse que el objeto sirve para sustituir un ideal propio y no alcanzado del yo. Amamos al objeto a causa de las perfecciones a las que hemos aspirado para nuestro propio yo y que quisiéramos ahora procurarnos por este rodeo para satisfacción de nuestro narcisismo. A medida que la superestimación sexual y el enamoramiento se van acentuando, va haciéndose cada vez más fácil la interpretación del cuadro. Las tendencias que aspiran a la satisfacción sexual directa pueden sufrir una represión total, como sucede, por ejemplo, casi siempre en el apasionado amor del adolescente; el yo se hace cada vez menos exigente y más modesto, y, en cambio, el objeto deviene cada vez más magnífico y precioso, hasta apoderarse de todo el amor que el yo sentía por sí mismo, proceso que lleva, naturalmente, al sacrificio voluntario y complejo del yo. Puede decirse que el objeto ha devorado al yo. En todo enamoramiento hallamos rasgos de humildad, una limitación del narcisismo y la tendencia a la propia minoración, rasgos que se nos muestran intensificados en los casos extremos, hasta dominar sin competencia alguna el cuadro entero por la desaparición de las exigencias sensuales.

Esto se observa más particularmente en el amor desgraciado, no correspondido, pues en el amor compartido cada satisfacción sexual es seguida de una disminución de la superestimación del objeto. Simultáneamente a este «abandono» del yo al objeto, que no se diferencia ya del abandono sublimado a una idea abstracta, desaparecen por completo las funciones adscritas al ideal del yo. La crítica ejercida por esta instancia enmudece, y todo lo que el objeto hace o exige es bueno e irreprochable. La conciencia moral cesa de intervenir en cuanto se trata de algo que puede ser favorable al objeto, y en la ceguedad amorosa se llega hasta el crimen sin remordimiento. Toda la situación puede ser resumida la siguiente fórmula: el objeto ha ocupado el lugar del ideal del «yo». La diferencia entre la identificación y el enamoramiento en sus desarrollos más elevados, conocidos con los nombres de «fascinación» y «servidumbre amorosa», resulta fácil de describir. En el primer caso el yo se enriquece con las cualidades del objeto, se lo «introyecta», según la expresión de Ferenczi; en el segundo se empobrece, dándose por entero al objeto y sustituyendo por él su más importante componente. De todos modos, un detenido examen nos lleva a comprobar que esta descripción muestra oposiciones inexistentes en realidad. Desde el punto de vista económico, no se trata ni de enriquecimiento ni de empobrecimiento, pues incluso el estado amoroso más extremo puede ser descrito diciendo que el yo se ha «introyectado» el objeto. La distinción siguiente recaerá quizá sobre puntos más esenciales: en el caso de la identificación, el objeto desaparece o queda abandonado y es reconstruido luego en el yo, que se modifica parcialmente, conforme al modelo del objeto perdido. En el otro caso el objeto subsiste, pero es dotado de todas las cualidades por el yo y a costa del yo. Mas tampoco esta distinción queda libre de objeciones.

¿Es acaso indudable que la identificación presupone la cesación del revestimiento de objeto? ¿No puede muy bien haber identificación conservándose el objeto? Mas antes de entrar en la discusión de estas espinosas cuestiones presentimos ya que la esencia de la situación entraña otra alternativa: la de que el objeto sea situado en lugar del «yo» o en el del ideal del «yo». Del enamoramiento a la hipnosis no hay gran distancia, siendo evidentes sus coincidencias. El hipnotizado da, con respecto al hipnotizador, las mismas pruebas de humilde sumisión, docilidad y ausencia de crítica que el enamorado con respecto al objeto de su amor. Compruébase asimismo en ambos el mismo renunciamiento a toda iniciativa personal. Es indudable que el hipnotizador se ha situado en lugar del ideal del yo. La única diferencia es que en la hipnosis se nos muestran todas estas particularidades con mayor claridad y relieve, de manera que parecerá más indicado explicar el enamoramiento por la hipnosis y no ésta por aquél. El hipnotizador es para el hipnotizado el único objeto digno de atención; todo lo demás se borra ante él. El hecho de que el yo experimente como en un sueño todo lo que el hipnotizador exige y afirma nos advierte que hemos omitido mencionar, entre las funciones del ideal del yo, el ejercicio de la prueba de la realidad. No es de extrañar que el yo considere como real una percepción cuando la instancia psíquica encargada de la prueba de la realidad se pronuncia por la realidad de la misma. La total ausencia de tendencias con fines sexuales no coartados contribuye a garantizar la extrema pureza en los fenómenos. La relación hipnótica es un abandono amoroso total con exclusión de toda satisfacción sexual, mientras que en el enamoramiento dicha satisfacción no se halla sino temporalmente excluida y perdura en segundo término, a título de posible fin ulterior.

Por otra parte, podemos también decir que la relación hipnótica es -si se nos permite la expresión- una formación colectiva constituida por dos personas. La hipnosis se presenta mal a la comparación con la formación colectiva, por ser más bien idéntica a ella. Nos presenta aislado un elemento de la complicada estructura de la masa -la actitud del individuo de la misma con respecto al caudillo-. Por tal limitación del número se distingue la hipnosis de la formación colectiva, como se distingue del enamoramiento por la ausencia de tendencias sexuales directas. De este modo viene a ocupar un lugar intermedio entre ambos estados. Es muy interesante observar que precisamente las tendencias sexuales coartadas en su fin son las que crean entre los hombres lazos más duraderos. Pero esto se explica fácilmente por el hecho de que no son susceptibles de una satisfacción completa, mientras que las tendencias sexuales libres experimentan una debilitación extraordinaria por la descarga que tiene efecto cada vez que el fin sexual es alcanzado. El amor sensual está destinado a extinguirse en la satisfacción. Para poder durar tiene que hallarse asociado desde un principio a componentes puramente tiernos, esto es, coartados en sus fines, o experimentar en un momento dado una transposición de este género.

La hipnosis nos revelaría fácilmente el enigma de la constitución libidinosa de una multitud si no entrañase también, por su parte, rasgos que escapan a la explicación racional intentada hasta aquí, según la cual constituiría un enamoramiento carente de tendencias sexuales directas. En la hipnosis hay aún, en efecto, mucha parte incomprendida y de carácter místico. Una de sus particularidades consiste en una especie de parálisis resultante de la influencia ejercida por una persona omnipotente sobre un sujeto impotente y sin defensa, particularidad que nos aproxima a la hipnosis provocada en los animales por el terror. El modo de provocar la hipnosis y su relación con el sueño no son nada transparentes, y la enigmática selección de las personas apropiadas para ella, mientras que otras se muestran totalmente refractarias, nos permite suponer que en la hipnosis se encuentra realizada una condición aún desconocida, esencial para la pureza de las actitudes libidinosas. También es muy atendible el hecho de que la conciencia moral de las personas hipnotizadas puede oponer una intensa resistencia simultánea a una completa docilidad sugestiva de la persona hipnotizada. Pero esto proviene quizá de que en la hipnosis, tal y como habitualmente se practica, continúa el sujeto dándose cuenta de que no se trata sino de un juego, de una reproducción ficticia de otra situación de importancia vital mucho mayor. Las consideraciones que anteceden nos permiten, de todos modos, establecer la fórmula de la constitución libidinosa de una masa, por lo menos de aquella que hasta ahora venimos examinando, o sea de la masa que posee un caudillo y no ha adquirido aún, por una «organización» demasiado perfecta, las cualidades de un individuo.

Tal masa primaria es una reunión de individuos que han reemplazado su ideal del «yo» por un mismo objeto, a consecuencia de lo cual se ha establecido entre ellos una general y recíproca identificación del «yo». La representación gráfica de este proceso sería la siguiente:

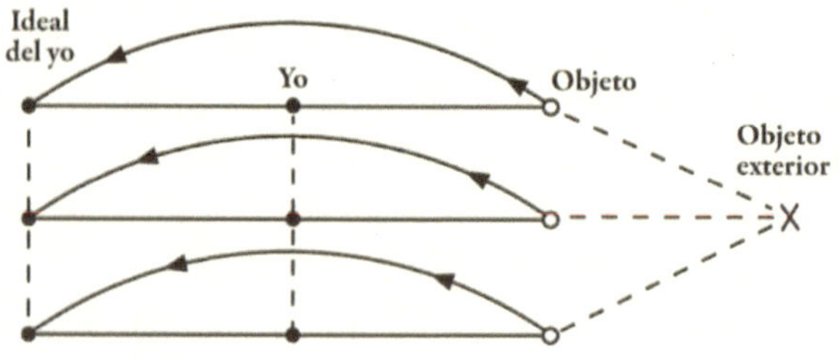

EL INSTINTO GREGARIO

Nuestra ilusión de haber resuelto con la fórmula que antecede el enigma de la masa se desvanece al poco tiempo. No tardamos, efectivamente, en darnos cuenta de que en realidad no hemos hecho sino retraer el enigma de la masa al enigma de la hipnosis, el cual presenta a su vez muchos puntos oscuros. Pero una nueva reflexión nos indica el camino que ahora hemos de seguir. Podemos decirnos que los numerosos lazos afectivos dados en la masa bastan ciertamente para explicarnos uno de sus caracteres: la falta de independencia e iniciativa del individuo, la identidad de su reacción con la de los demás, su descenso, en fin, a la categoría de unidad integrante de la multitud. Pero esta última, considerada como una totalidad, presenta aún otros caracteres: la disminución de la actividad intelectual, la afectividad exenta de todo freno, la incapacidad de moderarse y retenerse, la tendencia a transgredir todo límite en la manifestación de los afectos y a la completa desviación de éstos en actos; todos estos caracteres y otros análogos, de los que Le Bon nos ha trazado un cuadro tan impresionante, representan, sin duda alguna, una regresión de la actividad psíquica a una fase anterior en la que no extrañamos encontrar al salvaje o a los niños. Tal regresión caracteriza especialmente a las masas ordinarias, mientras que en las multitudes más organizadas y artificiales pueden quedar, como ya sabemos, considerablemente atenuados tales caracteres regresivos.

Experimentamos así la impresión de hallarnos ante una situación en la que el sentimiento individual y el acto intelectual personal son demasiado débiles para afirmarse por sí solos sin el apoyo de manifestaciones afectivas e intelectuales análogas de los demás individuos.

Esto nos recuerda cuán numerosos son los fenómenos de dependencia en la sociedad humana normal, cuán escasa originalidad y cuán poco valor personal hallamos en ella y hasta qué punto se encuentra dominado el individuo por las influencias de un alma colectiva, tales como las propiedades raciales, los prejuicios de clase, la opinión pública, etc. El enigma de la influencia sugestiva se hace aún más oscuro cuando admitimos que es ejercida no sólo por el caudillo sobre todos los individuos de la masa, sino también por cada uno de éstos sobre los demás, y habremos de reprocharnos la unilateralidad con que hemos procedido al hacer resaltar casi exclusivamente la relación de los individuos de la masa con el caudillo, relegando, en cambio, a un segundo término el factor de la sugestión recíproca. Llamados así a la modestia, nos inclinaremos a dar oídos a otra voz que nos promete una explicación basada en principios más simples. Tomamos esta explicación del inteligente libro de W. Trotter sobre el instinto gregario, lamentando tan sólo que el autor no haya conseguido sustraerse a las antipatías desencadenadas por la última gran guerra.

Trotter deriva los fenómenos psíquicos de la masa antes descritos de un instinto gregario (gregariousness) innato al hombre como a las demás especies animales. Este instinto gregario es, desde el punto de vista biológico, una analogía y como una extensión de la estructura policelular de los organismos superiores, y desde el punto de vista de la teoría de la libido, una nueva manifestación de la tendencia libidinosa de todos los seres homogéneos a reunirse en unidades cada vez más amplias. El individuo se siente «incompleto» cuando está solo. La angustia del niño pequeño sería ya una manifestación de este instinto gregario. La oposición al rebaño, el cual rechaza todo lo nuevo y desacostumbrado, supone la separación de él y es, por tanto, temerosamente evitada. El instinto gregario sería algo primario y no susceptible de descomposición (which cannot be split up). Trotter considera como primarios los instintos de conservación y nutrición, el instinto sexual y el gregario. Este último entra a veces en oposición con los demás. La conciencia de la culpabilidad y el sentimiento del deber serían las dos propiedades características del animal gregario. Del instinto gregario emanan asimismo, según Trotter, las fuerzas de represión que el psicoanálisis ha descubierto en el yo, y, por consiguiente, también las resistencias con las que el médico tropieza en el tratamiento psicoanalítico. El lenguaje debe su importancia al hecho de permitir la comprensión recíproca dentro del rebaño y constituiría en gran parte la base de la identificación de los individuos gregarios.

Así como Le Bon insiste particularmente sobre las formaciones colectivas pasajeras, tan características, y Mac Dougall sobre las asociaciones estables, Trotter concentra toda su atención en aquellas asociaciones más generales dentro de las cuales vive el hombre, ese zwonmolitizon, e intenta fijar sus bases psicológicas. Considerando el instinto gregario como un instinto elemental no susceptible de descomposición, prescinde, claro está, de toda investigación de sus orígenes, y su observación de que Boris Sidis lo deriva de la sugestibilidad resulta por completo superflua, afortunadamente para él, pues se trata de una tentativa de explicación, ya rechazada en general por insuficiente, siendo, a nuestro juicio, mucho más acertada la proposición inversa, o sea la de que la sugestibilidad es producto del instinto gregario. Contra la exposición de Trotter puede objetarse, más justificadamente aún que contra las demás, que atiende demasiado poco al papel del caudillo. En cambio, nosotros creemos imposible llegar a la comprensión de la esencia de la masa haciendo abstracción de su jefe. El instinto gregario no deja lugar alguno para el caudillo, el cual no aparecería en la masa sino casualmente. Así, pues, el instinto gregario excluye por completo la necesidad de algún Dios y deja al rebaño sin pastor. Por último, también puede refutarse la tesis de Trotter con ayuda de argumentos psicológicos; esto es, puede hacerse, por lo menos, verosímil la hipótesis de que el instinto gregario es susceptible de descomposición, no siendo primario en el mismo sentido que los instintos de conservación y sexual.

No es, naturalmente, nada fácil perseguir la ontogénesis del instinto gregario. El miedo que el niño pequeño experimenta cuando le dejan solo, y que Trotter considera ya como una manifestación del instinto gregario, es susceptible de otra interpretación más verosímil. Es la expresión de un deseo insatisfecho, cuyo objeto es la madre y más tarde otra persona familiar, deseo que el niño no sabe sino transformar en angustia. Esta angustia del niño que ha sido dejado solo, lejos de ser apaciguada por la aparición de un hombre cualquiera «del rebaño», es provocada o intensificada por la vista de uno de tales «extraños». Además, el niño no muestra durante mucho tiempo signo ninguno de un instinto gregario o de un sentimiento colectivo. Ambos comienzan a formarse poco a poco en la nursery, como efectos de las relaciones entre los niños y sus padres y precisamente a título de reacción a la envidia con la que el hijo mayor acoge en un principio la intrusión de su nuevo hermanito.

El primero suprimiría celosamente al segundo, alejándole de los padres y despojándole de todos sus derechos; pero ante el hecho positivo de que también este hermanito -como todos los posteriores- es igualmente amado por los padres, y a consecuencia de la imposibilidad de mantener sin daño propio su actitud hostil, el pequeño sujeto se ve obligado a identificarse con los demás niños, y en el grupo infantil se forma entonces un sentimiento colectivo o de comunidad que luego experimenta en la escuela un desarrollo ulterior.

La primera exigencia de esta formación reaccional es la justicia y trato igual para todos.

Sabido es con qué fuerza y qué solidaridad se manifiesta en la escuela esta reivindicación.

Ya que uno mismo no puede ser el preferido, por lo menos que nadie lo sea. Esta transformación de los celos en un sentimiento colectivo entre los niños de una familia o de una clase escolar parecería inverosímil si más tarde y en circunstancias distintas no observásemos de nuevo el mismo proceso. Recuérdese la multitud de mujeres y muchachas románticamente enamoradas de un cantante o de un pianista y que se agrupan en torno de él a la terminación de un concierto. Cada una de ellas podría experimentar justificadísimos celos de las demás; pero dado su número y la imposibilidad consiguiente de acaparar por completo al hombre amado, renuncian todas a ello, y en lugar de arrancarse mutuamente los cabellos, obran como una multitud solidaria, ofrecen su homenaje común al ídolo e incluso se consideran dichosas si pudieran distribuirse entre todas los bucles de su rizosa melena. Rivales al principio, han podido luego identificarse entre sí por el amor igual que profesan al mismo objeto. Cuando una situación instintiva es susceptible de admitir desenlaces como sucede, en realidad, con la mayor parte de ellas, no extrañaremos que sobrevenga aquel con el cual parezca enlazada la posibilidad de cierta satisfacción, en lugar de otro u otros que creíamos más naturales, pero a los que las circunstancias reales impiden alcanzar tal fin.

Todas aquellas manifestaciones de este orden que luego encontraremos en la sociedad -así el compañerismo, l'esprit de corps, el espíritu de cuerpo, etc.- se derivan también incontestablemente de la envidia primitiva. Nadie debe querer sobresalir; todos deben ser y obtener lo mismo. La justicia social significa que nos rehusamos a nosotros mismos muchas cosas para que también los demás tengan que renunciar a ellas, o, lo que es lo mismo, no puedan reclamarlas. Esta reivindicación de igualdad es la raíz de la conciencia social y del sentimiento del deber y se revela también de un modo totalmente inesperado en la «angustia de infectar» de los sifilíticos, angustia a cuya inteligencia nos ha llevado el psicoanálisis, mostrándonos que corresponde a la violenta lucha de estos desdichados contra su deseo inconsciente de comunicar a los demás su enfermedad, pues ¿por qué han de padecer ellos solos la temible infección que tantos goces les prohíbe, mientras que otros se hallan sanos y participan de todos los placeres? También la bella anécdota del juicio de Salomón encierra igual nódulo. «Puesto que mi hijo me ha sido arrebatado por la muerte, piensa una de las mujeres, ¿por qué ha de conservar ésa el suyo?» Este deseo basta al rey para conocer a la mujer que ha perdido a su hijo.

Así, pues, el sentimiento social reposa en la transformación de un sentimiento primitivamente hostil en un enlace positivo de la naturaleza de una identificación. En cuanto podemos seguir el proceso de esta transformación creemos observar que se efectúa bajo la influencia de un enlace común a base de ternura a una persona exterior a la masa. Estamos muy lejos de considerar completo nuestro análisis de la identificación; mas para nuestro objeto nos basta haber hecho resaltar la exigencia de una absoluta y consecuente igualdad.

A propósito de las dos masas artificiales, la Iglesia y el Ejército, hemos visto que su condición previa consiste en que todos sus miembros sean igualmente amados por un jefe.

Ahora bien: no habremos de olvidar que la reivindicación de

igualdad formulada por la masa se refiere tan sólo a los individuos que la constituyen, no al jefe. Todos los individuos quieren ser iguales, pero bajo el dominio de un caudillo. Muchos iguales capaces de identificarse entre sí y un único superior: tal es la situación que hallamos realizada en la masa dotada de vitalidad. Así, pues, nos permitiremos corregir la concepción de Trotter diciendo que más que un animal gregario es el hombre un animal de horda; esto es, un elemento constitutivo de una horda conducida por un jefe.

LA MASA Y LA HORDA PRIMITIVA

En 1912 adopté la hipótesis de Ch. Darwin, según la cual la forma primitiva de la sociedad humana habría sido la horda sometida al dominio absoluto de un poderoso macho. Intenté por entonces demostrar que los destinos de dicha horda han dejado huellas imborrables en la historia hereditaria de la Humanidad y, sobre todo, que la evolución del totemismo, que engloba los comienzos de la religión, la moral y la diferenciación social, se halla relacionada con la muerte violenta del jefe y con la transformación de la horda paterna en una comunidad fraternal. Esto no es sino una nueva hipótesis que agregar a las muchas construidas por los historiadores de la Humanidad primitiva para intentar establecer las tinieblas en la prehistoria, una just so story, como la denominó muy chanceramente un amable crítico inglés (Kroeber); pero estimo ya muy honroso para una hipótesis el que, como ésta, se muestra apropiada para relacionar y explicar hechos pertenecientes a sectores cada vez más lejanos. Ahora bien: las masas humanas nos muestran nuevamente el cuadro, ya conocido, del individuo dotado de un poder extraordinario y dominando a una multitud de individuos iguales entre sí, cuadro que corresponde exactamente a nuestra representación de la horda primitiva. La psicología de dichas masas, según nos es conocida por las descripciones repetidamente mencionadas -la desaparición de la personalidad individual inconsciente, la orientación de los pensamientos y los sentimientos en un mismo sentido, el predominio de la afectividad y de la vida psíquica inconsciente, la tendencia a la realización inmediata de las intenciones que puedan surgir-, toda esta psicología, repetimos, corresponde a un estado de regresión, a una actividad anímica primitiva, tal y como la atribuiríamos a la horda prehistórica.

La masa se nos muestra, pues, como una resurrección de la horda primitiva. Así como el hombre primitivo sobrevive virtualmente en cada individuo, también toda masa humana puede reconstruir la horda primitiva. Habremos, pues, de deducir que la psicología colectiva es la psicología humana más antigua. Aquel conjunto de elementos -que hemos aislado de todo lo referente a la masa para construir la psicología individual- no se ha diferenciado de la antigua psicología colectiva sino más tarde, muy poco a poco, y aun hoy en día tan sólo parcialmente. Intentaremos todavía indicar el punto de partida de esta evolución. La primera reflexión que surge en nuestro espíritu nos demuestra en qué punto habremos de rectificar nuestras anteriores afirmaciones. La psicología individual tiene, en efecto, que ser por lo menos tan antigua como la psicología colectiva, pues desde un principio debió de haber dos psicologías: la de los individuos componentes de la masa y la del padre, jefe o caudillo. Los individuos de la masa se hallaban enlazados unos a otros en la misma forma que hoy, mas el padre de la horda permanecía libre, y aun hallándose aislado, eran enérgicos e independientes sus actos intelectuales. Su voluntad no precisaba ser reforzada por las de otros.

Deduciremos, pues, que su yo no se encontraba muy ligado por lazos libidinosos y que, amándose sobre todo a sí mismo, sólo amaba a los demás en tanto en cuanto le servían para la satisfacción de sus necesidades. Su yo no daba a los objetos más que lo estrictamente preciso. En los albores de la historia humana fue el padre de la horda primitiva el superhombre, cuyo advenimiento esperaba Nietzsche en un lejano futuro. Los individuos componentes de una masa precisan todavía actualmente de la ilusión de que el jefe los ama a todos con un amor justo y equitativo, mientras que el jefe mismo no necesita amar a nadie, puede erigirse en dueño y señor y, aunque absolutamente narcisista, se halla seguro de sí mismo y goza de completa independencia. Sabemos ya que el narcisismo limita el amor, y podríamos demostrar que actuando así se ha constituido en un importantísimo factor de civilización. El padre de la horda primitiva no era aún inmortal, como luego ha llegado a serlo por divinización. Cuando murió tuvo que ser reemplazado, y lo fue probablemente por el menor de sus hijos, que hasta entonces había sido un individuo de la masa como los demás. Debe, pues, de existir una posibilidad de transformar la psicología colectiva en psicología individual y de encontrar las condiciones en las cuales puede efectuarse tal transformación, análogamente a como resulta posible a las abejas hacer surgir de una larva, en caso de necesidad, una reina en lugar de una obrera. La única hipótesis que sobre este punto podemos edificar es la siguiente: el padre primitivo impedía a sus hijos la satisfacción de sus tendencias sexuales directas; les imponía la abstinencia y, por consiguiente, a título de derivación, el establecimiento de lazos afectivos que los ligaban a él en primer lugar, y luego los unos a los otros. Puede deducirse que les impuso la psicología colectiva y que esta psicología no es, en último análisis, sino un producto de sus celos sexuales y su intolerancia.

Ante su sucesor se abría la posibilidad de la satisfacción sexual, y con ella su liberación de las condiciones de la psicología colectiva. La fijación de la libido a la mujer y la posibilidad de satisfacer inmediatamente y sin aplazamiento las necesidades sexuales disminuyeron la importancia de las tendencias sexuales, coartadas en su fin, y elevaron el nivel del narcisismo. En el último capítulo de este trabajo volveremos sobre esta relación del amor con la formación del carácter. Haremos aún resaltar como especialmente instructiva la relación existente entre la constitución de la horda primitiva y la organización, que mantiene y asegura la cohesión de una masa artificial. Ya hemos visto que el Ejército y la Iglesia reposan en la ilusión de que el jefe ama por igual a todos los individuos. Pero esto no es sino la transformación idealista de las condiciones de la horda primitiva, en la que todos los hijos se saben igualmente perseguidos por el padre, que les inspira a todos el mismo temor.

Ya la forma inmediata de la sociedad humana, el clan totémico, reposa en esta transformación, que a su vez constituye la base de todos los deberes sociales. La inquebrantable fortaleza de la familia como formación colectiva natural resulta de que en ella es una realidad efectiva el amor igual del padre hacia todos los hijos.

Pero esta referencia de la masa a la horda primitiva ha de ofrecernos enseñanzas aún más interesantes. Ha de explicarnos lo que de incomprendido y misterioso queda aún en la formación colectiva; aquello que se oculta detrás de los enigmáticos conceptos de hipnosis y sugestión. Recordemos que la hipnosis lleva en sí algo 'siniestro' y que este carácter indica siempre la existencia de una represión de algo antiguo y familiar. Recordemos igualmente que la hipnosis es un estado inducido. El hipnotizador pretende poseer un poder misterioso que despoja de su voluntad al sujeto. O lo que es lo mismo: el sujeto atribuye al hipnotizador tal poder. Esta fuerza misteriosa, a la que aún se da vulgarmente el nombre de magnetismo animal, debe de ser la misma que constituye para los primitivos la fuente del tabú, aquella misma fuerza que trasciende de los reyes y de los jefes y que pone en peligro a quienes se les acercan («mana»). El hipnotizador que afirma poseer esta fuerza la emplea ordenando al sujeto que le mire a los ojos. Hipnotiza de una manera típica por medio de la mirada. Igualmente es la vista del jefe lo que resulta peligroso e insostenible para el primitivo, como más tarde la de Dios para el creyente. Moisés se ve obligado a servir de intermediario entre Jehová y su pueblo porque este último no puede soportar la visión de Dios, y cuando vuelve del Sinaí resplandece su rostro, pues, como también sucede al intermediario de los primitivos, una parte del «mana» ha pasado a su persona.

La hipnosis puede ser provocada asimismo por otros medios - haciendo fijar al sujeto la mirada en un objeto brillante o escuchar un ruido monótono-, y esta circunstancia ha inducido a muchos en error, dando ocasión a teorías fisiológicas insuficientes. En realidad, estos procedimientos no sirven más que para desviar y fijar la atención consciente. Es como si el hipnotizador dijese al sujeto: «Ahora se va usted a ocupar exclusivamente de mi persona; el resto del mundo carece de todo interés.» Claro está que este discurso, pronunciado realmente por el hipnotizador, habría de ser contraproducente desde el punto de vista técnico, pues su única consecuencia sería arrancar al sujeto de su disposición inconsciente y excitarle a la contradicción consciente. Pero mientras que el hipnotizador evita atraer sobre sus intenciones el pensamiento consciente del sujeto y cae éste en una actividad en la que el mundo tiene que parecerle desprovisto de todo interés, sucede que, en realidad, concentra inconscientemente toda su atención sobre el hipnotizador, entrando en estado de transferencia con él. Los métodos indirectos del hipnotizador producen, pues, como algunas técnicas del chiste, el efecto de impedir determinadas distribuciones de la energía psíquica, que perturbarían la evolución del proceso inconsciente y conducen finalmente al mismo resultado que las influencias directas, ejercidas por la mirada o por los «pases» .

Ferenczi ha deducido acertadamente que con la orden de dormir, intimada al sujeto al iniciar la hipnosis, se coloca el hipnotizador en el lugar de los padres de aquél. Cree, además, distinguir dos clases de hipnosis: una, acariciadora y apaciguante, y otra, amenazadora. La primera sería la hipnosis maternal; la segunda, la hipnosis paternal. Ahora bien: la orden de dormir no significa en la hipnosis sino la invitación a retraer todo interés del mundo exterior y concentrarlo en la persona del hipnotizador. Así la entiende, en efecto, el sujeto, pues esta desviación de la atención del mundo exterior constituye la característica psicológica del sueño, y en ella reposa el parentesco del sueño con el estado hipnótico. Por medio de estos procedimientos despierta, pues, el hipnotizador una parte de la herencia arcaica del sujeto; herencia que se manifestó ya en su actitud con respecto a sus progenitores, y especialmente en su idea del padre, al que hubo de representarse como una personalidad omnipotente y peligrosa, con respecto a la cual no cabía observar sino una actitud pasiva, masoquista, renunciando a toda voluntad propia y considerando como una arriesgada audacia el hecho de arrostrar su presencia. Tal hubo de ser, indudablemente, la actitud del individuo de la horda primitiva con respecto al padre. Como ya nos lo han mostrado otras reacciones, la aptitud personal para la resurrección de tales situaciones arcaicas varía mucho de unos individuos a otros. De todos modos, el individuo puede conservar un conocimiento de que en el fondo la hipnosis no es sino un fuego, una reviviscencia ilusoria de aquellas impresiones antiguas; conocimiento que basta para hacer surgir una resistencia contra las consecuencias demasiado graves de la supresión hipnótica de la voluntad.

El carácter inquietante y coercitivo de las formaciones colectivas, que se manifiesta en sus fenómenos de sugestión, puede ser atribuido, por tanto, a la afinidad de la masa con la horda primitiva, de la cual desciende. El caudillo es aún el temido padre primitivo. La masa quiere siempre ser dominada por un poder ilimitado. Avida de autoridad, tiene, según las palabras de Gustavo Le Bon, una inagotable sed de sometimiento. El padre primitivo es el ideal de la masa, y este ideal domina al individuo, sustituyéndose a su ideal del yo. La hipnosis puede ser designada como una formación colectiva de sólo dos personas. Para poder aplicar esta definición a la sugestión habremos de completarla añadiendo que en dicha colectividad de dos personas es necesario que el sujeto que experimenta la sugestión posea un convencimiento no basado en la percepción ni el razonamiento, sino en un lazo erótico.

UNA FASE DEL «YO»

Cuando pasamos a examinar la vida del individuo de nuestros días, teniendo presentes las diversas descripciones, complementarias unas de otras, que los autores nos han dado de la psicología colectiva, vemos surgir un cúmulo de complicaciones muy apropiado para desalentar toda tentativa de síntesis. Cada individuo forma parte de varias masas; se halla ligado, por identificación, en muy diversos sentidos, y ha construido su ideal del yo conforme a los más diferentes modelos. Participa así de muchas almas colectivas: la de su raza, su clase social, su comunidad confesional, su estado, etc., y puede, además, elevarse hasta cierto grado de originalidad e independencia. Tales formaciones colectivas, permanentes y duraderas, producen efectos uniformes, que no se imponen tan intensamente al observador como las manifestaciones de las masas pasajeras, de rápida formación, que han proporcionado a Le Bon los elementos de su brillante característica del alma colectiva, y precisamente en estas multitudes ruidosas y efímeras, superpuestas, por decirlo así, a las otras, es en las que se observa el milagro de la desaparición completa, aunque pasajera, de toda particularidad individual.

Hemos intentado explicar este milagro suponiendo que el individuo renuncia a su ideal del yo, trocándolo por el ideal de la masa, encarnado en el caudillo. Añadiremos, a título de rectificación, que el milagro no es igualmente grande en todos los casos. El divorcio entre el yo y el ideal del yo es, en muchos individuos, poco marcado. Ambas instancias aparecen aún casi confundidas, y el yo conserva todavía su anterior contento narcisista de sí mismo.

La elección de caudillo queda considerablemente facilitada en estas circunstancias. Bastará que el mismo posea, con especial relieve, las cualidades típicas de tales individuos y que dé la impresión de una fuerza considerable y gran libertad libidinosa para que la necesidad de un enérgico caudillo le salga al encuentro y le revista de una omnipotencia a la que quizá no hubiese aspirado jamás. Aquellos otros individuos cuyo ideal del yo no encuentra en la persona de jefe una encarnación por completo satisfactoria, son arrastrados luego «sugestivamente»; esto es, por identificación. Reconocemos que nuestra contribución al esclarecimiento de la estructura libidinosa de una masa se reduce a la distinción entre el yo y el ideal del yo y a la doble naturaleza consiguiente del ligamen -identificación y sustitución del ideal del yo por un objeto exterior-. La hipótesis que postula esta fase del yo y que, como tal, constituye el primer paso del análisis del yo habrá de hallar poco a poco su justificación en los sectores más diversos de la Psicología. En mi estudio Introducción al narcisismo he intentado reunir los datos patológicos en los que puede apoyarse la distinción mencionada, y todo nos lleva a esperar que un estudio más profundo de las psicosis ha de hacer resaltar particularmente su importancia. Basta reflexionar que el yo entra, a partir de este momento, en la relación de un objeto con el ideal del yo por él desarrollado, y que probablemente todos los efectos recíprocos desarrollados entre el objeto exterior y el yo total, conforme nos lo ha revelado la teoría de las neurosis, se reproducen ahora dentro del yo.

No me propongo examinar aquí sino una sola de las consecuencias posibles de este punto de vista, y con ello proseguir la aclaración de un problema que en otro lugar hube de dejar inexplicado. Cada una de las diferenciaciones psíquicas descubiertas representa una dificultad más para la función anímica, aumenta su inestabilidad y puede constituir el punto de partida de un fallo de la misma; esto es, de una enfermedad. Así, el nacimiento representa el paso desde un narcisismo que se basta por completo a sí mismo a la percepción de un mundo exterior variable y al primer descubrimiento de objetos. De esta transición, demasiado radical, resulta que no somos capaces de soportar durante mucho tiempo el nuevo estado creado por el nacimiento y nos evadimos periódicamente de él, para hallar de nuevo en el sueño nuestro anterior estado de impasibilidad y aislamiento del mundo exterior. Este retorno al estado anterior resulta, ciertamente, también de una adaptación al mundo exterior, el cual, con la sucesión periódica del día y la noche, suprime por un tiempo determinado la mayor parte de las excitaciones que sobre nosotros actúan.

Un segundo caso de este género, más importante para la Patología, no aparece sometido a ninguna limitación análoga. En el curso de nuestro desarrollo hemos realizado una diferenciación de nuestra composición psíquica en un yo coherente y un yo inconsciente, reprimido, y alejado de él, y sabemos que la estabilidad de esta nueva adquisición se halla expuesta a incesantes conmociones. En el sueño y en la neurosis dicho yo desterrado intenta, por todos los medios, forzar las puertas de la conciencia, protegidas por resistencias diversas, y en el estado de salud despierta recurrimos a artificios particulares para acoger en nuestro yo lo reprimido, eludiendo las resistencias y experimentando un incremento de placer. El chiste, el humorismo y, en parte, también lo cómico deben ser considerados desde este punto de vista. Todo conocedor de la psicología de la neurosis recordará fácilmente numerosos ejemplos análogos, aunque de menor alcance. Pero, dejando a un lado esta cuestión, pasaremos a la aplicación de nuestros resultados.

Podemos admitir perfectamente que la separación operada entre el yo y el ideal del yo no puede tampoco ser soportada durante mucho tiempo y ha de experimentar, de cuando en cuando, una regresión. A pesar de todas las privaciones y restricciones impuestas al yo, la violación periódica de las prohibiciones constituye la regla general, como nos lo demuestra la institución de las fiestas, que al principio no fueron sino períodos durante los cuales quedaban permitidos por la ley todos los excesos, circunstancia que explica su característica alegría. Las saturnales de los romanos y nuestro moderno carnaval coinciden en este rasgo esencial con las fiestas de los primitivos durante las cuales se entregan los individuos a orgías en las que violan los mandamientos más sagrados.

El ideal del yo engloba la suma de todas las restricciones a las que el yo debe plegarse, y de este modo el retorno de ideal al yo tiene que constituir para éste que encuentra de nuevo el contento de sí mismo, una magnífica fiesta. La coincidencia del yo con el ideal del yo produce siempre una sensación de triunfo. El sentimiento de culpabilidad (o de inferioridad) puede ser considerado como la expresión de un estado de tensión entre el yo y el ideal.

Sabido es que hay individuos cuyo estado afectivo general oscila periódicamente, pasando desde una exagerada depresión a una sensación de extremo bienestar, a través de cierto estado intermedio. Estas oscilaciones presentan amplitudes muy diversas, desde las más imperceptibles hasta las más extremas, como sucede en los casos de melancolía y manía, estados que atormentan o perturban profundamente la vida del sujeto atacado. En los casos típicos de estos estados afectivos cíclicos no parecen desempeñar un papel decisivo las ocasiones exteriores. Tampoco encontramos en estos enfermos motivos internos más numerosos que en otros o diferentes de ellos.

Así, pues, se ha tomado la costumbre de considerar estos casos como no psicógenos. Más adelante trataremos de otros casos, totalmente análogos, de estados afectivos cíclicos que pueden ser reducidos con facilidad a traumas anímicos. Las razones que determinan estas oscilaciones espontáneas de los estados afectivos son, pues, desconocidas. También ignoramos el mecanismo por el que una manía sustituye a una melancolía. Así serían éstos los enfermos, a los cuales podría aplicarse nuestra hipótesis de que su ideal del yo se confunde periódicamente con su yo, después de haber ejercido sobre él un riguroso dominio. Con el fin de evitar toda oscuridad habremos de retener lo siguiente: desde el punto de vista de nuestro análisis del yo, es indudable que en el maniaco el yo y el ideal de yo se hallan confundidos, de manera que el sujeto, dominado por un sentimiento de triunfo y de satisfacción, no perturbado por crítica alguna, se siente libre de toda inhibición y al abrigo de todo reproche o remordimiento. Menos evidente, pero también verosímil, es que la miseria del melancólico constituye la expresión de una oposición muy aguda entre ambas instancias del yo; oposición en la que el ideal, sensible en exceso, manifiesta implacablemente su condena del yo con la manía del empequeñecimiento y de la autohumillación.

Trátase únicamente de saber si la causa de estas relaciones modificadas entre el yo y el ideal del yo debe ser buscada en las rebeldías periódicas de que antes nos ocupamos, contra la nueva institución o en otras circunstancias. La transformación en manía no constituye un rasgo indispensable del cuadro patológico de la depresión melancólica.

Existen melancolías simples, de un acceso único, y melancolías periódicas, que no corren jamás tal suerte. Mas, por otro lado, hay melancolías en las que las ocasiones exteriores desempeñan un evidente papel etiológico. Así aquellas que sobrevienen a la pérdida de un ser amado, sea por muerte, sea a consecuencia de circunstancias que han obligado a la libido a desligarse de un objeto. Del mismo modo que las melancolías espontáneas, estas melancolías psicógenas pueden transformarse en manía y retornar luego de nuevo a la melancolía, repitiéndose este ciclo varias veces. La situación resulta, pues, harto oscura, tanto más cuanto que hasta ahora sólo muy pocos casos y formas de la melancolía han sido sometidos a la investigación psicoanalítica.

Los únicos casos a cuya compresión hemos llegado ya son aquellos en los que el objeto queda abandonado por haberse demostrado indigno de amor. En ellos, el objeto queda luego reconstituido en el yo por identificación y es severamente juzgado por el ideal del yo.

Los reproches y ataques dirigidos contra el objeto se manifiestan entonces bajo la forma de reproches melancólicos contra la propia persona. También una melancolía de este último género puede transformarse en manía, de manera que esta posibilidad representa una particularidad independiente de los demás caracteres del cuadro patológico. No veo ninguna dificultad en introducir en la explicación de las dos clases de melancolía, las psicógenas y las espontáneas, el factor de la rebelión periódica del yo contra el ideal del yo.

En las espontáneas puede admitirse que el ideal del yo manifiesta una tendencia a desarrollar una particular severidad, que tiene luego automáticamente por consecuencia su supresión temporal. En las melancolías psicógenas, el yo sería incitado a la rebelión por el maltrato de que le hace objeto su ideal en los casos de identificación con un objeto rechazado.

CONSIDERACIONES SUPLEMENTARIAS

En el curso de nuestra investigación, llegada aquí a un fin provisional, hemos visto abrirse ante nosotros diversas perspectivas muy prometedoras; mas para no desviarnos de nuestro camino principal hemos tenido que dejarlas inexploradas. En este último capítulo de nuestro estudio queremos volver sobre ellas y someterlas a una rápida investigación.

a) La distinción entre la identificación del yo y la sustitución del ideal del yo por el objeto halla una interesantísima ilustración en las dos grandes masas artificiales que antes hemos estudiado: el Ejército y la Iglesia cristiana. Es evidente que el soldado convierte a su superior, o sea en último análisis, al jefe del ejército, en su ideal; mientras que, por otro lado, se identifica con sus iguales y deduce de esta comunidad del yo las obligaciones de la camaradería, o sea el auxilio recíproco y la comunidad de bienes. Pero si intenta identificarse con el jefe, no conseguirá sino ponerse en ridículo. Así, en la primera parte del Wallenstein, de Schiller, se burla el soldado de Cazadores del sargento de Caballería diciéndole:

Wie er räuspert und wie er spuckt
Das habt ihr ihm glücklich abgeguckt!

No sucede lo mismo en la Iglesia católica. Cada cristiano ama a Cristo como su ideal y se halla ligado por identificación a los demás cristianos. Pero la Iglesia exige más de él. Ha de identificarse con Cristo y amar a los demás cristianos como Cristo hubo de amarlos. La Iglesia exige, pues, que la disposición libidinosa creada por la formación colectiva sea completada en dos sentidos. La identificación debe acumularse a la elección de objeto, y el amor a la identificación. Este doble complemento sobrepasa evidentemente la constitución de la masa. Se puede ser un buen cristiano sin haber tenido jamás la idea de situarse en el lugar de Cristo y extender, como El, su amor a todos los humanos. El hombre, débil criatura, no puede pretender elevarse a la grandeza de alma y a la capacidad de amor de Cristo.

Pero este desarrollo de la distribución de la libido en la masa es probablemente el factor en el cual funda el cristianismo su pretensión de haber conseguido una moral superior.

b) Dijimos que era posible determinar, en el desarrollo psíquico de la Humanidad, el momento en el que el individuo pasó desde la psicología colectiva a la psicología individual.

Para aclarar esta afirmación habremos de volver rápidamente sobre el mito científico relativo al padre de la horda primitiva, el cual fue elevado más tarde a la categoría de Creador del mundo, elevación plenamente justificada, puesto que fue quien engendró a todos los hijos que compusieron la primera multitud. Para cada uno de estos hijos constituyó el padre el ideal, a la vez temido y venerado, fuente de la noción ulterior de tabú.

Mas un día se asociaron, mataron al padre y le despedazaron. Sin embargo, ninguno de ellos pudo ocupar el puesto del vencido, y si alguno intentó hacerlo, vio alzarse contra él la misma hostilidad, renovándose las luchas, hasta que todos se convencieron de que tenían que renunciar a la herencia del padre. Entonces constituyeron la comunidad fraternal totémica, cuyos miembros gozaban todos de los mismos derechos y se hallaban sometidos a las prohibiciones totémicas que debían conservar el recuerdo del crimen e imponer su expiación. Pero este nuevo orden de cosas provocó también el descontento general, del cual surgió una nueva evolución. Poco a poco, los miembros de la masa fraternal se aproximaron al restablecimiento del antiguo estado conforme a un nuevo plan. El hombre asumió otra vez la jefatura, pero sólo la de una familia, y acabó con los privilegios del régimen matriarcal, instaurado después de la supresión del padre. A título de compensación reconoció quizá entonces las divinidades maternales, servidas por sacerdotes que sufrían la castración para garantía de la madre y conforme al ejemplo dado antes por el padre. Sin embargo, la nueva familia no fue sino una sombra de la antigua, pues siendo muchos los padres, quedaba limitada la libertad de cada uno por los derechos de los demás.

El descontento provocado por estas privaciones pudo decidir entonces a un individuo a separarse de la masa y asumir el papel de padre. El que hizo esto fue el primer poeta épico, y el progreso en cuestión no se realizó sino en su fantasía. Este poeta transformó la realidad en el sentido de sus deseos e inventó así el mito heroico. El héroe era aquel que sin auxilio ninguno había matado al padre, el cual aparece aún en el mito como un monstruo totémico. Así como el padre había sido el primer ideal del adolescente, el poeta creó ahora, con el héroe que aspira a suplantar al padre, el primer ideal del yo. La idea del héroe se enlaza probablemente con la personalidad del más joven de los hijos, el cual, preferido por la madre y protegido por ella contra los celos paternos, era el que sucedía al padre en la época primitiva. La elaboración poética de las realidades de estas épocas transformó probablemente a la mujer, que no había sido sino el premio de la lucha y la razón del asesinato, en instigadora y cómplice activa del mismo.

El mito atribuye exclusivamente al héroe la hazaña que hubo de ser obra de la horda entera: Pero, según ha observado Rank, la leyenda conserva huellas muy claras de la situación real, poéticamente desfigurada: Sucede en ella con frecuencia, efectivamente, que el héroe que ha de realizar una magna empresa -generalmente, el hijo menor, que ante el subrogado del padre se ha fingido muchas veces idiota; esto es, inofensivo- no consigue llevarla a cabo sino con ayuda de una multitud de animalitos (abejas, hormigas). Estos animales no serían sino la representación simbólica de los hermanos de la horda primitiva, del mismo modo que en el simbolismo del sueño los insectos y los parásitos representan a los hermanos y hermanas del sujeto (considerados despectivamente como niños pequeños).

Además, en cada una de las empresas de que hablan los mitos y las fábulas puede reconocerse fácilmente una sustitución del hecho heroico. Así, pues, el mito constituye el paso con el que el individuo se separa de la psicología colectiva. El primer mito fue seguramente de orden psicológico, el mito del héroe. El mito explicativo de la Naturaleza no surgió sino más tarde. El poeta que dio este paso y se separó así, imaginativamente, de la multitud sabe, sin embargo, hallar en la realidad, según otra observación de Rank, el retorno a ella, yendo a relatar a la masa las hazañas que su imaginación atribuye a un héroe por él inventado, héroe que en el fondo no es sino él mismo. De este modo retorna el poeta a la realidad, elevando a sus oyentes a la altura de su imaginación. Pero los oyentes saben comprender al poeta y pueden identificarse con el héroe merced al hecho de compartir su actitud, llena de deseos irrealizados, con respecto al padre primitivo. La mentira del mito heroico culmina en la divinización del héroe. Es muy posible que el héroe divinizado sea anterior al dios-padre y constituya el precursor del retorno del padre primitivo como divinidad. Las divinidades se habrían, pues, sucedido en el siguiente orden cronológico: diosa madre -héroe-, dios-padre. Pero hasta la elevación del padre primitivo, jamás olvidado, no adquirió la divinidad los rasgos que hoy nos muestra.

c) Hemos hablado con frecuencia en el curso del presente trabajo de instintos sexuales directos y de instintos sexuales coartados en su fin, y esperamos que esta distinción no haya hecho surgir en el lector demasiadas objeciones. Sin embargo, creemos conveniente volver aquí sobre ella más detenidamente, aun a riesgo de repetir lo ya expuesto en otros lugares. El primero y más acabado ejemplo de instintos sexuales coartados en su fin nos ha sido ofrecido por la evolución de la libido en el niño. Todos los sentimientos que el niño experimenta por sus padres y guardadores perduran, sin limitación alguna, en los deseos que exteriorizan sus tendencias sexuales. El niño exige de estas personas amadas todas las ternuras que le son conocidas; quiere besarlas, tocarlas y contemplarlas; abriga la curiosidad de ver sus órganos genitales y asistir a la realización de sus más íntimas funciones; promete casarse con su madre o con su niñera, cualquiera que sea la idea que se forme del matrimonio; se propone tener un hijo de su padre, etc. Tanto la observación directa como el examen analítico ulterior de los restos infantiles no dejan lugar a dudas sobre la coexistencia de sentimientos tiernos y celosos e intenciones sexuales, y nos muestran hasta qué punto hace el niño de la persona amada el objeto de todas sus tendencias sexuales, aún mal centradas.

Esta primera forma que el amor reviste en el niño, y que se relaciona íntimamente con el complejo de Edipo, sucumbe, como ya sabemos, al iniciarse el período de latencia, bajo el imperio de la represión, no quedando de ella sino un enlace afectivo puramente tierno a las mismas personas, enlace que ya no puede ser calificado de «sexual». El psicoanálisis, que ilumina las profundidades de la vida anímica, demuestra sin dificultad que también los enlaces sexuales de los primeros años infantiles continúan subsistiendo, aunque reprimidos e inconscientes, y nos autorizan a afirmar que todo sentimiento tierno constituye la sucesión de un enlace plenamente «sensual» a la persona correspondiente a su representación simbólica (imago). Desde luego, es necesaria una investigación especial para comprobar si en un caso dado subsiste aún esta corriente sexual anterior en estado de represión o si ha desaparecido por completo. O precisando más: está demostrado que dicha corriente existe aún como forma y posibilidad, y es susceptible de ser activada en cualquier momento a consecuencia de una regresión; trátase únicamente de saber -y no siempre lo conseguimos- cuáles son su carga y su eficacia actuales. En esta investigación habremos de evitar por igual dos escollos: la estimación insuficiente de lo inconsciente reprimido y la tendencia a aplicar a lo normal el criterio que aplicamos a lo patológico.

Ante la Psicología, que no quiere o no puede penetrar en las profundidades de lo reprimido, se presentan los movimientos afectivos de carácter tierno como expresión de tendencias exentas de todo carácter sexual, aunque hayan surgido de otras cuyo fin era la sexualidad.

Podemos afirmar con todo derecho que tales tendencias han sido desviadas de dichos fines sexuales, aunque resulte difícil describir esta desviación del fin conforme a las exigencias de la Metapsicología. De todos modos, estos instintos, coartados en su fin, conservan aún algunos de sus fines sexuales primitivos. El hombre afectivo, el amigo y el admirador buscan también la proximidad corporal y la vista de la persona amada, pero con un amor de sentido «pauliniano». Podemos ver en esta desviación del fin un principio de sublimación de los instintos sexuales, o también alejar aún más los límites de estos últimos. Los instintos sexuales coartados presentan una gran ventaja funcional sobre los no coartados: No siendo susceptibles de una satisfacción total, resultan particularmente apropiados para crear enlaces duraderos, mientras que los instintos sexuales directos pierden después de cada satisfacción una gran parte de su energía, y en el intervalo entre esta debilitación y su renacimiento por una nueva acumulación de libido el objeto puede ser reemplazado por otro.

Los instintos coartados pueden mezclarse en cualquier medida con los no coartados y retornar a éstos después de haber surgido de ellos. Sabido es con cuánta facilidad las relaciones afectivas de carácter amistoso, fundadas en el reconocimiento y la admiración -así las que se establecen entre el maestro y las discípulas o entre el artista y sus admiradoras-, se transforman, sobre todo en la mujer, en deseos eróticos (recuérdese el Embrasse-moi pour l'amour du grec, de Molière). El nacimiento mismo de estos enlaces afectivos, nada intencionados al principio, abre un camino muy frecuentado a la elección sexual del objeto. En la Piedad del conde de Zinzendorf ha mostrado Pfister, con un ejemplo impresionante, y que no es seguramente el único, la facilidad con que un intenso ligamen religioso se transforma en ardiente deseo sexual. Por otro lado, la transformación de tendencias sexuales directas efímeras de por sí en lazos duraderos simplemente tiernos es un hecho corriente, y la consolidación de los matrimonios contraídos bajo los auspicios de un apasionado amor reposa casi por completo en esta transformación.

No extrañaremos averiguar que las tendencias sexuales coartadas en su fin surgen de las directamente sexuales cuando obstáculos interiores o exteriores se oponen a la consecución de los fines sexuales. La represión que tienen, en efecto, en el período de latencia es uno de tales obstáculos interiores. Dijimos antes que el padre de la horda primitiva, con su intolerancia sexual, condenaba a todos sus hijos a la abstinencia, imponiéndose así enlaces coartados en su fin, mientras que por su parte se reservaba el libre placer sexual, y permanecía de este modo independiente de todo ligamen. Todos los enlaces en los que reposa la masa son de la naturaleza de los instintos coartados en su fin.

Pero con esto nos hemos aproximado a la discusión de un nuevo tema: a la relación de los instintos sexuales directos con la formación colectiva.

d) Las dos últimas observaciones nos dejan ya entrever que las tendencias sexuales directas son desfavorables para la formación colectiva. En el curso de la evolución de la familia ha habido ciertamente relaciones sexuales colectivas (el matrimonio de grupo); pero cuanto más importante se fue haciendo para el yo el amor sexual, y más capaz de amor el individuo, más tendió éste a la limitación del amor a dos personas -una cum uno-, limitación que parece prescrita por la modalidad del fin genital. Las inclinaciones poligámicas hubieron de contentarse con la sucesiva sustitución de un objeto por otro.

Las dos personas, reunidas para lograr la satisfacción sexual, constituyen, por su deseo de soledad, un argumento viviente contra el instinto gregario y el sentimiento colectivo. Cuando más enamoradas están, más completamente se bastan. La repulsa de la influencia de la masa se exterioriza como sentimiento de pudor. Las violentas emociones suscitadas por los celos sirven para proteger la elección sexual de objeto contra la influencia que sobre ella pudiera ejercer un ligamen colectivo. Sólo cuando el factor tierno y, por tanto, personal de la relación amorosa desaparece por completo ante el factor sexual es cuando se hace posible el público comercio amoroso de una pareja o la realización de actos sexuales simultáneos dentro de un grupo, como sucede en la orgía. Pero con ello se efectúa una regresión a un estado anterior de las relaciones sexuales, en el cual no desempeñaba aún papel ninguno el amor propiamente dicho y se daba igual valor a todos los objetos sexuales, aproximadamente en el sentido de la maligna frase de Bernard Shaw: «Estar enamorado significa exagerar desmesuradamente la diferencia entre una mujer y otra.» Existen numerosos hechos que testimonian que el enamoramiento no apareció sino bastante tarde en las relaciones sexuales entre el hombre y la mujer, resultando así que también la oposición entre el amor sexual y el ligamen colectivo se habría desarrollado tardíamente.

Esta hipótesis puede parecer a primera vista incompatible con nuestro mito de la familia primitiva.

Según él, la horda fraternal hubo de ser incitada al parricidio por el amor hacia las madres y las hermanas, y es difícil representarse este amor de otro modo que como un amor primitivo y completo; esto es, como una íntima unión de amor tierno y amor sexual. Pero reflexionando más detenidamente, hallamos que esta objeción no es en el fondo sino una confirmación. Una de las reacciones provocadas por el parricidio fue la institución de la exogamia totémica, la prohibición de todo contacto sexual con las mujeres de la familia, amadas desde la niñez. De este modo se operó una escisión entre los sentimientos tiernos y los sentimientos sensuales del hombre, escisión cuyos defectos se hacen sentir aún en nuestros días. A consecuencia de esta exogamia se vio obligado el hombre a satisfacer sus necesidades sexuales con mujeres extrañas a él y que no le inspiraban amor ninguno. En las grandes masas artificiales, la Iglesia y el Ejército, no existe lugar alguno para la mujer como objeto sexual. La relación amorosa entre el hombre y la mujer queda fuera de estas organizaciones. Incluso en las multitudes integradas por hombres y mujeres no desempeñan papel alguno las diferencias sexuales. Carece de todo sentido preguntar si la libido que mantiene la cohesión de las multitudes es de naturaleza homosexual o heterosexual, pues la masa no se halla diferenciada según los sexos y hace abstracción particularmente de los fines de la organización genital de la libido.

Las tendencias sexuales directas conservan cierto carácter de individualidad aun en el individuo absorbido por la masa. Cuando esta individualidad sobrepasa cierto grado, la formación colectiva queda disgregada. La Iglesia católica tuvo los mejores motivos para recomendar a sus fieles el celibato e imponerlo a sus sacerdotes, pero también el amor ha inducido a muchos eclesiásticos a salir de la Iglesia. Del mismo modo, el amor a la mujer rompe los lazos colectivos de la raza, la nacionalidad y la clase social y lleva así a cabo una importantísima labor de civilización. Parece indiscutible que el amor homosexual se adapta mejor a los lazos colectivos, incluso allí donde aparece como un tendencia sexual no coartada, hecho singular cuya explicación nos llevaría muy lejos. El examen psicoanalítico de las psiconeurosis nos ha enseñado que sus síntomas se derivan de tendencias sexuales reprimidas, pero que permanecen en actitud. Podemos completar esta fórmula añadiendo: estos síntomas pueden también derivarse de tendencias sexuales coartadas en su fin, pero coartadas de un modo incompleto o que se hace posible un retorno al fin sexual reprimido.

Esta circunstancia explica el que la neurosis haga asocial al individuo, extrayéndole de las formaciones colectivas habituales. Puede decirse que la neurosis es para las multitudes un factor de disgregación en el mismo grado que el amor. Así observamos inversamente que siempre que se manifiesta una enérgica tendencia a la formación colectiva se atenúan las neurosis e incluso llegan a desaparecer, por lo menos durante algún tiempo.

Se ha intentado, pues, justificadamente, utilizar con un fin terapéutico esta oposición entre la neurosis y la formación colectiva. Incluso aquellos que no lamentan la desaparición de las alusiones religiosas en el mundo civilizado moderno convendrán en que, mientras tales ilusiones conservaron su fuerza, constituyeron, para los que vivían bajo su dominio, la más enérgica protección contra el peligro de la neurosis. No es tampoco difícil reconocer en todas las adhesiones a sectas o comunidades místico-religiosas o filosófico-místicas la manifestación del deseo de hallar un remedio indirecto contra diversas neurosis. Todo esto se relaciona con la oposición entre tendencias sexuales directas y tendencias sexuales coartadas en su fin. Abandonado a sí mismo, el neurótico se ve obligado a sustituir las grandes formaciones colectivas, de las que se halla excluido, por sus propias formaciones sintomáticas. Se crea su propio mundo imaginario, su religión y su sistema de delirio y reproduce así las instituciones de la Humanidad en un aspecto desfigurado que delata la poderosa contribución aportada por las tendencias sexuales directas.

e) Antes de terminar esbozaremos, situándonos en el punto de vista de la libido, un cuadro comparativo de los diversos estados de que nos hemos ocupado: el enamoramiento, la hipnosis, la formación colectiva y la neurosis. El enamoramiento reposa en la coexistencia de tendencias sexuales directas y tendencias sexuales coartadas en su fin, atrayendo así el objeto una parte de la libido narcisista del yo. En este estado no caben sino el yo y el objeto.

La hipnosis comparte con el enamoramiento la limitación a tales dos personas -el objeto y el yo-, pero reposa totalmente en tendencias sexuales coartadas en su fin y coloca el objeto en el lugar del yo. La masa multiplica este proceso, coincide con la hipnosis en la naturaleza de los instintos que mantiene su cohesión y en la sustitución del ideal del yo por el objeto, pero agrega a ello la identificación con otros individuos, facilitada, quizá primitivamente, por la igualdad de la actitud con respecto al objeto.

Estos dos últimos estados, la hipnosis y la formación colectiva, son residuos hereditarios de la filogénesis de la libido humana; la hipnosis habría subsistido como disposición, y la masa, además, como supervivencia directa. La sustitución de las tendencias sexuales directas por las coartadas favorece en estos dos estados la separación entre el yo y el ideal del yo; separación que se inició ya en el enamoramiento. La neurosis se separa de esta serie.

También ella reposa en una particularidad de la evolución de la libido humana: en la doble articulación de la función sexual directa interrumpida por el período de latencia. En este aspecto comparte con la hipnosis y la formación colectiva el carácter regresivo, del que carece el enamoramiento. Se produce siempre que el paso de los instintos sexuales directos a los instintos sexuales coartados no ha podido efectuarse totalmente, y corresponde a un conflicto entre los instintos acogidos en el yo que han efectuado tal evolución y las fracciones de dichos mismos instintos que, desde lo inconsciente reprimido -y al igual de otros movimientos instintivos totalmente reprimidos-, tienden a su satisfacción directa. La neurosis posee un contenido muy rico, pues entraña todas las relaciones posibles entre el yo y el objeto, tanto aquellas en las que el objeto es conservado como aquellas en las que es abandonado o erigido en el yo, y por otro lado, las relaciones emanadas de conflictos entre el yo y el ideal del yo.

Trad : Luis López Ballesteros
Ebook ISBN : 979-10-299-1005-0
Paperback ISBN : 979-10-299-1006-7
Hardcover ISBN : 979-10-299-1007-4

www.ingramcontent.com/pod-product-compliance
Lightning Source LLC
LaVergne TN
LVHW101916190826
846094LV00002B/29

* 9 7 9 1 0 2 9 9 1 0 0 7 4 *